Stefan Brönnle
Das schöpferische Ritual

Es gibt heute unbedingt viele gute Gründe, das weibliche Geschlecht wieder besser sichtbar zu machen. Dies ist seit mehr als 40 Jahren auch Anliegen unseres Verlages. Ob dies durch Gendern erreicht wird, darf man jedoch hinterfragen, immerhin geht es um unsere *Mutter*sprache. Sicher ist, dass der grammatische Genus nichts über das Geschlecht (Sexus) aussagt. Deswegen halten wir uns als Verlag beim Gendern bewusst zurück. Ausführliche Begründung dazu unter www.neue-erde.de/derdiedas

Stefan Brönnle

Das schöpferische Ritual

Rituale der Kraft verstehen, gestalten und erleben

Bücher haben feste Preise.
1. Auflage 2024

Stefan Brönnle
Das schöpferische Ritual

Umschlag:
Foto: Hvoenok/shutterstock.com
Gestaltung: Dragon Design, GB

Satz und Gestaltung:
Dragon Design, GB
Gesetzt aus der Minion

Gesamtherstellung: Appel & Klinger, Schneckenlohe
Printed in Germany

ISBN 978-3-89060-857-0

Neue Erde GmbH
Cecilienstr. 29 · 66111 Saarbrücken
Deutschland · Planet Erde
www.neue-erde.de

Inhalt

Rituale: Ordnung im Chaos

‘Rituale: Ordnung im Chaos

Rituale bestimmen unseren Alltag und geben ihm Halt. Wir bringen damit Ordnung in eine als chaotisch empfundene Welt. Doch in diesem Buch soll es nicht um Alltagsrituale gehen. Nicht um das Händeschütteln, das Hutziehen oder das Weihnachtsbaumschmücken, obgleich auch diesen Ritualen eine starke Kraft innewohnt: Nachdem die propagierten Attentäter auf Charlie Hebdo 2015 gestellt worden waren, hielt der damalige französische Präsident Hollande ein Jahr später eine Ansprache vor Polizeibeamten. Im Anschluss reichte er jedem der anwesenden Polizisten die Hand. Doch ein Polizist verweigerte ihm den Handschlag. Ein provokatives Signal, das in der Presse verbreitet wurde. Rituale und auch ihre Nichtdurchführung erregen Aufmerksamkeit.

Als Willy Brandt 1970 in Warschau vom Protokoll abwich und vor dem Ehrenmal für die Helden des Warschauer Ghettos niederkniete, da war diese rituelle Geste ein Signal, das die Welt erschütterte und die Entspannung auf tiefsten Ebenen einleitete.

Doch, wie gesagt, darum soll es in diesem Buch nicht gehen, es soll nur zeigen, wie prägend rituelle Handlungen bis heute für das soziale Miteinander sind.

Dieses Buch behandelt das schöpferische Ritual, die kreative Kraft ritueller Arbeit mit Symbolen, Handlungen und Gesten, die den Menschen als ein Schöpferwesen zeigen. Rituale bestimmen mein Leben. Insbesondere zu wichtigen astronomischen Ereignissen wie Sonnen- und Mondfinsternissen oder Planetenkonstellationen, aber auch unter Zuhilfenahme der Elemente: Regen, Stürme und Sonnenschein nutze ich Rituale, um eine bestimmte Kraft und damit auch Ereignisse ins Leben zu holen – in mein eigenes, aber durchaus auch ins kollektive Menschheitsfeld. In meinen Augen ist Geomantie ohne Rituale, seien diese zu Einweihungen, zu Ortsheilungen und Harmonisierungen, zur (Re-)Aktivierung von Kraftorten oder für das Erbitten von

Segenskräften, nicht möglich – oder zumindest wäre sie dann nur ein hohler Abklatsch dessen, was Geomantie für mich bedeutet. Andererseits bin ich kein Freund von obligatorisch-zeremoniellen Handlungen. Ich sehe nicht ein, warum es zur Freisetzung einer Kraft notwendig sein sollte, nackt im Mondlicht mit einem Hühnerbein in der Hand um ein Feuer zu tanzen… Wenn es denn die *eine* Regel in der Ritualgestaltung gibt, die unabdingbar ist, dann diese: Ein Ritual muss *stimmig* sein!

In diesem Buch also möchte ich zeigen, wie jeder selbst Rituale schaffen und gestalten kann, die Ereignisse ins Leben holen, Neuanfänge unterstützen, Heilung bewirken, Segen verbreiten, Trennungen vollziehen oder Abschlüsse abrunden. Die Ritualbeispiele sind nicht so sehr dafür gedacht, ein »Lexikon« zu erstellen, wie das Ritual aussehen *muss*, sondern vielmehr dem rituellen Anfänger Ideen zu vermitteln, wie es aussehen *kann* oder darf. Damit ein Ritual schöpferisch wirken kann, muss es mit Kreativität gefüllt werden und dies bedeutet, selbst tätig zu werden.

Das Ritual

Das Wort »Ritual« leitet sich vom Lateinischen ab und betrifft den Ritus. Dieser wiederum ist eine heilige, symbolträchtige, sich häufig wiederholende Handlung, die nach »vorgeschriebenen« Regeln abläuft. Im Sinne des schöpferischen Rituals gibt es natürlich auch Regeln, »vorgeschrieben« sind diese freilich nicht. Du kannst auf sie verzichten und sie abändern, wenn das Ritual dennoch funktioniert. Allerdings ist es sinnvoll, sich an bestimmte Ritualstrukturen zu halten, weil dies das Erreichen des Zieles fördert.

In der Regel sind Rituale kulturell eingebunden. Symbole können in anderen Kulturen oder auch schlicht in anderen sozialen Gruppen unterschiedliche Bedeutungen haben, wodurch ein Ritual möglicherweise nicht oder falsch verstanden oder interpretiert wird. In engen Sozialverbänden – denken wir nur an Geheimgesellschaften – sollen Rituale außerhalb der Gruppe auch gar nicht verstanden werden. Diese Intimität des Wissens baut gleichsam eine Gruppenkraft auf, die die Wirkung des Rituals unterstützt. In Freimaurerlogen weiß der Initiant bisweilen nicht, was genau in einem Initiationsritual auf ihn zukommt. Diese Ungewissheit ist Teil der Kraft, die auf ihn wirkt. Umgekehrt wirkt die Nutzung bekannter Symbole, sie geben Halt und Orientierung. Selbst wenn nach Generationen die genaue Handlungsabsicht nicht mehr bekannt ist, können Rituale über das morphogenetische Feld ihre Wirkung noch entfalten.

Rituale können sehr unterschiedlich aufgebaut sein. Sie können intuitiv und spontan erfolgen oder einen strengen zeremoniellen Rahmen haben, in welchem ein falsches Wort zum Abbruch und Neubeginn führt.

Rituale haben somit eine sehr große Bandbreite und können äußerlich so verschiedenartig sein, wie man es sich nur vorstellen kann:

Ein bloßer Gedanke verbunden mit einem starken Ausatmen, das Entzünden einer Kerze, Gesten, Tänze, ja ganze Mysteriendramen können den Körper, die Form des Rituals bilden. Doch bei aller Verschiedenheit sind bestimmte Grundstrukturen gleich oder doch sehr ähnlich.

Die drei Aspekte des Rituals

Das schöpferische Ritual bezieht seine Kraft aus drei Aspekten, drei Phasen, wenn man so möchte. Achte darauf, in jedem der drei Aspekte so präsent wie möglich zu sein.

Die Absicht

Rituale ohne Absicht, nur der schönen Form halber, sind meines Ermessens keine Rituale, sondern Bräuche, etwas, das man so macht, weil man es immer so macht, ohne den Sinn zu verstehen. Das schöpferische Ritual bedarf der Intention. Je mehr du dir die Erfüllung des Ritualzieles wünscht, um so stärker und wirkungsvoller wird es sein. Die Absicht, die Intention, muss die volle Konzentration auf das Ziel enthalten. Steht die das Ritual gestaltende Person unter einem physischen oder emotionalen Leidensdruck, wird die Absicht aus der Not heraus energiegeladen sein. Meist ist hier nicht viel mehr zu tun. Steht das Ziel und damit die Absicht für das Ritual nicht unter einem »Leidensdruck« im weitesten Sinne, dann kann die Absicht ihre Kraft zum Beispiel aus der Liebe beziehen, aus der Hingabe und der unbedingten Zuwendung. Bestimmen weder Zuwendung noch Ablehnung eines Zustandes deine Absicht, ist es besonders wichtig, sich vollständig bewusst zu sein, warum du dieses Ziel erreichen willst. »Ich will sehen, ob es klappt«, ist eindeutig zu schwach!

Übung

Nimm dir Zeit, dir deiner Absicht bewusst zu werden.

Setze oder lege dich entspannt hin und atme tief in deine Mitte. Deine Mitte ist jener Ort in dir, an dem du ganz authentisch, ganz bei dir bist. Es mag der Bauchraum sein, der Solarplexus oder der Brustraum. Wo spürst du dich?

Atme tief in deine Mitte und komme bei dir an.

Denke weniger darüber nach, sondern fühle, warum du ein Ritual gestalten möchtest. Was ist dein Ziel? Was sind deine Beweggründe? Sei dir gegenüber schonungslos offen. Je klarer dein Ziel, um so wirkungsvoller das Ritual.

Wenn du ein Ziel und eine Absicht gefunden hast und dir deiner Motivation bewusst bist, frage dich noch einmal, ob du es wirklich willst.

»Bedenke, worum du bittest, es könnte dir erfüllt werden.«

Das Gefühl

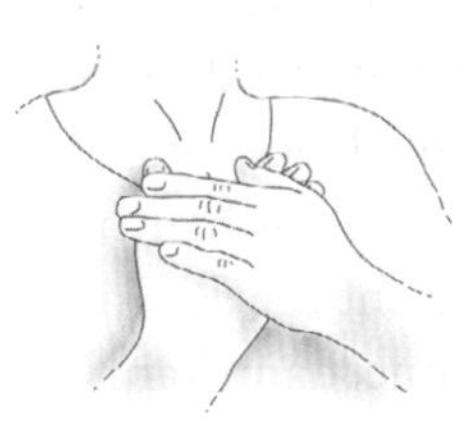

Es ist die Seele, die durch das Gefühl die eigentliche Navigation übernimmt. Während die Absicht die Kraft so konzentriert, dass alle Hürden zu überwinden sein werden, ist die Intuition und das Gefühl der Lenker, der mit dem Göttlichen in Verbindung bleibt und der Absicht den rechten Weg weist. Das Gefühl, das mit der Motivation, der Absicht und damit dem Ziel verbunden ist, wird dir bei jedem zu entwickelnden Ritualschritt als Kompass, als Leuchtturm dienen und dir spürbar werden lassen, ob die gewählten Gesten, Handlungen und Symbolobjekte die richtigen sind. Wie schon erwähnt, gibt es eigentlich nur eine unabdingbare Regel im Ritual:

Es muss stimmig sein!

Dies kann nur durch das Gefühl entschieden werden. Was für den einen gestern richtig war, muss für dich heute noch lange nicht stimmig sein. Das Gefühl und die Intuition schaffen die Integration der Absicht mit dem Bestehenden, indem sie die Verbindung zu allem hält und so eine Rückverbindung ermöglicht. So wie die Absicht mit Gefühlen aufgeladen sein sollte (Leidensdruck oder Liebe), so sollte jeder gewählte Ritualschritt von dem Grundgefühl getragen sein, welches deine Absicht bestimmt. Dazu verhilft dir die *Wunderfrage*.

Übung

Du hast ein Ziel und eine Absicht gefunden, bist dir auch deiner Beweggründe bewusst geworden. Nun ist es Zeit, dir deiner Gefühle bewusst zu sein!

Du hast einen Ist-Zustand, den du überwinden möchtest. Wie fühlt sich dieser Zustand – jenseits aller kausalen Zusammenhänge – an? Ist er schmerzvoll, ist er beengend oder quälend? Dann operierst du aus einem Leidensdruck heraus. Ist er warm, und du möchtest mehr davon, möchtest, dass es immer so bleibt und ihn intensivieren? Dann handelst du aus der Zuwendung, der Liebe heraus. Wie fühlt es sich an und vor allem auch: Wo fühlst du es?

Zu jedem Gefühl reagiert eine Zone unseres Körpers oder des ganzheitlichen Leibes. Wo spürst du also den Ist-Zustand? Im Bauch? In der Brust? Im Hals? In den Nieren?

Wo fühlst du ihn und wie fühlt er sich an?

Die Wunderfrage

Nun stelle dir vor, du gingest heute Nacht ins Bett und über Nacht käme dein persönlicher Geistführer, dein Schutzengel oder eine gute Fee. Wenn du morgen früh erwachst, ist das Wunder geschehen: Das Gewünschte ist eingetreten und die

Absicht hat sich erfüllt. Es wurde dir geschenkt! Wie fühlt sich das an und wo fühlst du den Zustand dieses Wunderereignisses in deinem Körper? Oft ist es ein Gefühl der Freude, der Erleichterung, ein wärmendes, weitendes Gefühl. Wo im Körper spürst du es?

Gehe mit deiner Aufmerksamkeit an diese Körperzone. Taucht ein Bild auf? Eine Erinnerung? Eine Form oder Farbe? Ein Wort? Dies sind Anker, um dein Gefühl während eines längeren Ritualentstehungsprozesses nicht zu verlieren. Notiere dir diesen Anker! Wichtiger ist jedoch das Gefühl, das sich breitmacht, wenn dein Ziel erreicht ist. Dieses Gefühl ist im wesentlichen dein Leuchtturm, dein Kompass, der die Handlung erschafft und die Stimmigkeit gewährleistet.

Frage dich bei jedem Ritualschritt, ob das damit verbundene Gefühl auf das Wundergefühl zugeht oder davon ablenkt und sich entfernt. Schritt für Schritt leitet dich das Wundergefühl zur Verwirklichung deines Zieles.

Die Handlung

Die Handlung ist, wenn man so will, der äußerlich sichtbare zeremonielle Rahmen. Es ist das, was ein Außenstehender als das Ritual wahrnimmt, doch du weißt inzwischen, dass die Absicht und das Gefühl die eigentlichen Grundlagen bilden. Letztlich kann man auf die Handlung sogar verzichten, ich empfehle es an dieser Stelle nicht, aber es ist möglich. In der Ritualmagie wird dies »die Magie der hohlen Hand« genannt. Du schaffst Wirklichkeit allein aus dem Wundergefühl heraus. Und warum auch nicht? Da du das Wundergefühl, also das Gefühl, das sich breitmacht, wenn dein Wunschereignis eingetreten ist, ja fühlen kannst, ist das Ziel in einem gewissen Sinne in dir bereits erreicht und es geht »nur« noch darum, dieses in die Materie zu bringen.

Genau hierbei hilft dir die Handlung! Mit Hilfe von Bewegung, Gesten, Worten und symbolischen Gegenständen wird die Handlung vollzogen, in deren Ablauf das eigentliche Geschehen vollzogen wird.

Alle Ritualgegenstände, alle Gesten, Worte und Handlungen sollten im Sinne des Leitgefühls stimmig sein. Lass dich nicht dazu hinreißen, unstimmige Kompromisse einzugehen. Manchmal muss man, was einen bestimmten Gegenstand angeht, einen Kompromiss eingehen, weil das Optimum (in der zur Verfügung stehenden Zeit oder mit dem zur Verfügung stehenden Budget) nicht erreicht werden kann. Dennoch muss das gewählte Ritualobjekt das Gefühl der Stimmigkeit in sich tragen. Wenn es zum Beispiel um Leichtigkeit geht, und dir steht keine Feder zur Verfügung, die das stimmigste Gefühl erzeugen würde, dann kann es vielleicht ein Blatt tun. Ein Stein aber würde sich sicher nicht stimmig anfühlen. Er würde dem Leitgefühl zuwiderlaufen und seine Nutzung würde das ganze Ritual sabotieren. Dies ist natürlich nur ein Beispiel, denn tatsächlich kann man auch mit Steinen Leichtigkeit erzeugen, wie Kükelhaus mit seinen berühmten »schwebenden Steinen« gezeigt hat. Aber du verstehst sicherlich, was ich meine.

Übung

Zu einem späteren Zeitpunkt, wenn du ein konkretes Ritual kreierst, kannst du noch einmal auf diese Passage zurückkommen. Ohne konkretes Ziel und Wundergefühl vermag dir aber diese Übung dazu verhelfen, die Stimmigkeit zu überprüfen. Stelle dir Leichtigkeit vor. Wie fühlt sich diese für dich an und wo fühlst du sie im Körper? Wenn du deine Achtsamkeit an diese Körperzone lenkst und ihr Raum gibst, taucht da ein Bild auf, ein Symbol, oder Ähnliches?

Wenn dies geschieht, lasse die Leichtigkeit in dir für einen Moment los und visualisiere, was du gesehen hast. Kommt das Gefühl der Leichtigkeit zurück, wird es von dem Bild oder Symbol »gerufen«?
Wenn kein Symbol von sich aus in dir auftaucht, biete der Körperzone verschiedene Objekte an: eine Feder – Rauch – ein Blatt im Wind – eine Bewegung oder dergleichen. Welches Objekt, welche Farbe, welche Geste oder Bewegung, welches Wort oder welcher Satz ruft am stärksten Leichtigkeit hervor?

Probiere dies auch mit anderen Begriffen:

- Stabilität
- Freiheit
- Geborgenheit
- Kraft
- Schwung
- Erfolg
- Anerkennung

und so weiter.

Das Ritual ist ein Mittler zwischen der Paradieswelt, also einem wunderbaren, vollkommenen Zustand der Seele und der körperlich-stofflichen Welt. Das Ritual bedient sich der drei Ebenen: der Materie (Handlung), der Ätherwelt (Gefühl) und der Geistwelt (Absicht). Es baut über diese eine Brücke und ruft einen in einer anderen Wirklichkeit bereits existierenden Zustand in unsere stoffliche Dingwelt. Dass der Zustand in einer anderen Wirklichkeit bereits existiert, zeigt dir das eintretende Gefühl bei der Wunderfrage: Das Ziel ist dort bereits erreicht, sonst könnte es in dir nicht diese Gefühle auslösen! Es geht also »nur noch« darum, diesen Wunschzustand auch in unserer stofflichen Welt zu manifestieren.

Träger der rituellen Kraft

Neben den drei Ritualaspekten gibt es eine große Zahl an »Helfern«, die dich darin unterstützen, den »Paradieszustand« (Wunschgefühl) in der stofflichen Welt zu verwirklichen. Sie sind die Träger der rituellen Kraft:

Der Mensch

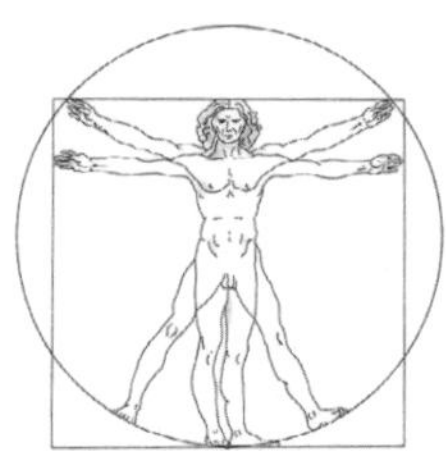

Natürlich ist der Mensch, also du, der/die das Ritual Ausführende, der wesentliche Faktor. Ohne deine innere Ausrichtung und das damit verbundene Gefühl, deine Absicht und deine Handlung, würde nichts geschehen, auch wenn man die anderen Kraftträger versammeln würde. Durch deine Präsenz beeinflusst du das Ritual positiv, durch deine geistige Abwesenheit negativ. Du bist jener Träger der Kraft, in dem der Brückenschlag von der Paradieswelt in die Objektwelt geschieht. Der Mensch reicht mit seinem physischen Körper und der Fähigkeit, stoffliche Gegenstände zu bewegen, in die Objektwelt ebenso hinein, wie er über seine Gefühle, seine E-Motionen (wörtlich »das, was hinausbewegt wird«) die Äther- und Seelenwelt berührt und sich mit seinen Gedanken mit der geistigen Paradieswelt verbindet. Ein Ritual, das »hingeschludert« wird, wird kaum eine wesentliche Wirkung entfachen. Bleibe dir also stets des Zielgefühls bewusst. Manchmal kann es vorkommen, dass ich, obgleich das Ritual gut strukturiert und vorbereitet ist, im eigentlichen Prozess der Ritualgestaltung plötzlich Änderungen vornehme. Dies muss geschehen, wenn das Ritual sonst in diesem Augenblick nicht authentisch wäre.

Ein Ritual in und mit einer Gruppe zu gestalten, macht es dadurch einerseits schwieriger, andererseits leichter. Schwieriger deshalb, weil natürlich eine Übereinkunft bleiben muss, die man im Vorfeld abgeklärt hat. Wird die Spontaneität der einzelnen Mitglieder der das Ritual zelebrierenden Gruppe zu groß, verliert sich die Kohärenz. Das

Ritual wird dann zu einem Happening, das Spaß machen kann, aber zu nichts führt. Dennoch muss es auch in einer Gruppe Raum für eben jenes authentische Wirken geben, das aus dem Augenblick heraus handelt. Leichter ist es insofern, weil der Mensch der wesentliche Träger der Ritualkraft ist. Eine Gruppe addiert nicht nur diese Kraft, sie multipliziert sie. Je mehr Menschen mitwirken, um so stärker wird das tragende Feld.

Ein Mittelding zwischen beiden Möglichkeiten besteht darin, dass ein einzelner Ritualleiter den Ablauf vorgibt und die anderen Teilnehmerinnen und Teilnehmer ihre Kraft in das Geschehen einfließen lassen. Aber auch dieses Mittelding hat seine Schwierigkeit: Zum einen setzt es Vertrauen voraus. Wo gebe ich meine Kraft hinzu? Was geschieht mit ihr? Als Ritualleiter ist es mir wesentlich, dass die Teilnehmer das Ziel und den Ablauf des Rituals kennen, damit sie sich auch mit ganzem Herzen darauf einlassen können. Die Geschichte kennt zu viele Beispiele, in denen die Masse in einem Ritual für den Feldaufbau missbraucht wurde. Es kann auch sein, dass sich in einem von einer Person gestalteten und geleiteten Ritual der einzelne Teilnehmer darin nicht wiederfindet und aus Befremdung innerlich aussteigt. Oder die einzelnen Ritualschritte dauern zu lange oder sind zu nichtssagend, sodass er einfach mit den Gedanken abdriftet. In beiden Fällen geht die Kraft für das Ritualfeld verloren und der »Aussteiger« ist nicht mehr länger ein Träger der Ritualkraft.

- Achte darauf, mit deinem Bewusstsein während des Rituals präsent zu bleiben. Die Gegenstände und die Handlung (siehe unten) helfen dabei!
- Folge deiner Intuition und wandle vorgegebene Handlungsabläufe gegebenenfalls spontan ab, wenn es *stimmig* ist!
- Wenn du ein Ritual in der Gruppe gestaltest und durchführst, achte darauf, dass alle Teilnehmer seelisch eingebunden sind. Jeder Ritualteilnehmer sollte das Ziel und den Ablauf kennen und sich daran halten. Er sollte aber auch genügend Freiraum haben, sein *stimmiges* Handeln anzupassen!

Der Ort

Wir Menschen sind räumliche Wesen. Stets sind wir an einem bestimmten Ort aktiv. Orte haben als Träger der Ritualkraft ihre Stärken und Schwächen. Du musst keine geomantische Ausbildung genossen haben, um diese wenigstens grob erkennen zu können: Wo würdest du eine heilige Handlung lieber zelebrieren: in einem wunderbaren Naturwald oder auf einer öffentlichen Toilette? Dieses Beispiel mag drastisch sein, doch es zeigt dir, dass du, wie ich denke, durchaus ein Gefühl für den Ort besitzt. Um es auszusprechen: Ich hoffe, die meisten Leser würden den Wald wählen! Der Ort unterstützt oder behindert durch seine Qualität das Ritual und die Erreichung des Zieles. Dies kann durch die unterschiedlichsten Faktoren bedingt sein:

- Ist der Ort laut und stört dich der Lärm des Verkehrs und der Menschen, sodass du dich nicht klar ausrichten kannst?
- Wie gefällt dir der Ort ästhetisch? Unterstützt dich das Ambiente oder lenkt es dich ab?

Feiner sind dann schon folgende Ortsfaktoren:

- Wie ist die Topographie und Geologie des Ortes? Beide haben ihre Auswirkung auf die ätherischen Kräfte am Ort: Ist der Ort eher von Yin (See) oder eher von Yang (Felssporn am Berg) geprägt, und was von beidem unterstützt dein Ritual?
- Was sprechen die Bäume zu dir? Gibt es eine symbolische Signatur, die dir etwas sagt? (Hier empfehle ich dir mein Buch »Die Kraft des Ortes«, um tiefer in das geomantische Denken einzudringen.)
- Was ist um dich herum (auch mit geschlossenen Augen) wahrnehmbar? Gibt es geistige Kräfte am Ort, die dich und dein Ritual tragen?

Ich kann mir vorstellen, dass dich einige der Fragen überfordern. Dies ist kein Geomantiebuch im engeren Sinne, und möglicherweise ist dies dein erster Kontakt zur qualitativen Ortserfassung (Geomantie). Vielleicht hilft dir folgende Übung, den bestmöglichen Ort für dein Ritual auszuwählen.

Übung

Ermittle dein Zielgefühl, dein Wundergefühl.
Wenn du nun an bestimmte Orte denkst, kann es bereits sein, dass dich ein bestimmter, dir bekannter Ort anzieht, dich »ruft«.

Überprüfe: Wenn du dir vorstellst, dort zu sein, führt dich der Ort dann näher an dein Zielgefühl heran oder davon weg?

Wenn du spontan keine Eingebung hast, wo du das Ritual machen könntest, gehe in deine Mitte. Atme entspannt und verbinde dich mit deinem Zielgefühl.

Nun dehne deine Mitte mehr und mehr aus, wie ein Luftballon, der aufgeblasen wird, oder ein Kraftfeld, das sich ausdehnt. Ist es der Raum, in dem du sitzt? Liegt der Ort im Umfeld deines Hauses, in deinem Garten vielleicht?

Dehne dich weiter aus und begegne innerlich Orten in deiner Umgebung, die du kennst. Der Ort wird sich melden. Vielleicht siehst du das Aufflammen eines Lichtes, du wirst in eine bestimmte Richtung gezogen oder einer der Orte, die du gedanklich streifst, fühlt sich unwillkürlich »richtig« an.

Gehe mit dem Zielgefühl ruhig auch spazieren und lass dich in die Natur ziehen.

Der Ort ist ein Träger der Ritualkraft. Er sollte also das Ritual unbedingt tragen und unterstützen!

In den meisten Fällen »ruft« der richtige Ort.

In meinem Buch *Heiliger Raum: Sakrale Architektur und die Schaffung »Heiliger Räume« heute* gehe ich tiefer darauf ein, wie du dir deinen spezifischen Ritualraum schaffen kannst. Einen Teil davon möchte ich dir aber nicht vorenthalten und dir hier mit auf den Weg geben: Der Kreis trennt das weltliche Außen vom sakralen Innen. Er kann dir helfen, deinen spezifischen Ritualort zu »heiligen« und in Resonanz zu bringen.

Der rituelle Kreis und die geistige Grenze

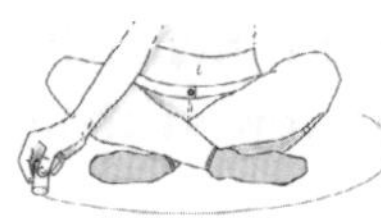

Der Kreis stellt als Schutz- oder Bannkreis eine machtvolle Grenze dar, die schirmen und behüten kann. Beim Aufbau eines Medizinrades (wobei es verschiedene Traditionen gibt) werden 36 Steine als Kreis mit Kreuz gelegt. Der erste Stein ist der »Schöpferstein« und liegt im Zentrum. Er manifestiert die heilige Mitte und die Anbindung an den Schöpfer (*axis mundi*). In einem ersten kleineren Kreis darum herum liegen Steine für »Mutter Erde«, »Vater Sonne«, »Großmutter Mond« und verschiedene Totem-Clans. Sodann werden vier Steine in die Haupthimmelsrichtungen im äußeren großen Kreis gelegt. Anschließend wird der große Kreis durch zwölf Steine geschlossen. Zum Abschluss wird die Mitte durch gelegte Steine mit den Hauptrichtungen verbunden.

Abb. 1: Medizinrad nach der Ojibwa-Metis-Tradition

Allein die geistige Präsenz des Ritualleiters bewirkt den Aufbau des Energiefeldes mit Hilfe der Steine. Wie beim »Familienstellen« nach Bert Hellinger steht jeder Stein stellvertretend für ein urtümliches geistiges Prinzip. Der Kreis des Medizinrades ist daher eine Veräußerlichung des inneren Zustandes des Ritualleiters, der diese Prinzipien in sich trägt und sich mit ihnen verbindet. Die innere Ausrichtung bewirkt eine äußere Ausrichtung der Steine. Ab dem Moment des Niederlegens eines Steines wird dieser zur manifestierten physischen Gestalt des jeweiligen geistigen Prinzips. Grundsätzlich ist dies der gleiche Vorgang wie beim Ritual des Auftragens des Vastu-Purusha Mandalas in der indischen Geomantie. Das Sanktuar wird durch das Umschreiten und die geistige Präsenz erschaffen, so wird Heiliges vom Profanen getrennt.

Übung

Wie stark diese Wirkweise ist, kann man durch einen einfachen Selbstversuch leicht nachvollziehen: Lege ein leeres Blatt Papier vor dich auf den Tisch. Schließe die Augen und bewege deine Hand in wenigen Zentimeter Abstand über das Papier. Wie fühlt es sich an?

Verbinde dich nun mit deiner eigenen Mitte. Verweile geistig dort, bis du das Gefühl hast, ganz bei dir angekommen zu sein. Nun nimm einen Stift und male – immer noch verbunden mit deiner Mitte – einen Kreis auf das vor dir liegende Papier. Spüre erneut nach, indem du die Hand über den Kreis hältst. Kannst du eine Grenze zwischen Innen und Außen wahrnehmen? Wie fühlt sich die Mitte des Kreises an?

Nur durch die geistige Präsenz im Malprozess wird der einfache Kreis zu einem »heiligen Kreis«, zu einem Sanktuar. Ebenso wird durch das

Zeichnen eines umgebenden Kreises in der Ritualmagie ein Sanktuar als Schutzzone geschaffen. Die Absicht der das Ritual durchführenden Person bewirkt, dass der Kreidekreis zu einem magischen Schutzkreis wird. Das Prinzip bleibt das gleiche.

Eine solche Schaffung einer heiligen Grenze, einer solchen »geheiligten Zone«, ist fundamentale Voraussetzung für die Schaffung eines heiligen Raumes. Deshalb wird man in allen Kulturen ähnliche Rituale zur Vorbereitung eines physischen Tempels oder einer anderen Kultstätte finden.

Die rituelle Weihe der Kirche ist gleichfalls mit dem Umschreiten verbunden: Der Weihbischof umschreitet den Kirchenbau und besprengt ihn dabei mit Weihwasser. Wieder am Portal angelangt, klopft er mit dem Bischofsstab an das Portal und ruft: »Aperite!« (»Öffne!«). Diese Handlung gibt sehr treffend den Aufbau des energetischen Schutzkreises und die rituelle Öffnung des Eingangs wieder.

Wenn du also einen Ritualort gefunden hast, egal, ob in der Natur oder bei dir zu Hause, kann der Kreis die Kraft des Ortes fokussieren und sozusagen daraus eine Essenz bilden: Der Ort wird zum Heiligen Ort!

- Umschreite den gewählten Ort in einem Radius, der für dein Ritual angemessen ist.
- Spüre nach und vergleiche mit deinem Zielgefühl: Gegen oder im Uhrzeigersinn?
- Möchtest du Wasser im Kreis ausgießen? Eine Räucherschale oder Kerze im Kreis herumtragen? Oder einen Kreis aus Steinen legen?

Vergleiche mit deinem Zielgefühl, was *stimmig* ist!

Du merkst, eigentlich stellt auch die Ritualvorbereitung ein Ritual dar, und ich habe hier bereits vorgegriffen, denn die Auswahl der Ritualobjekte und die Handlung sind eigenständige Träger der Kraft.

Die Gegenstände

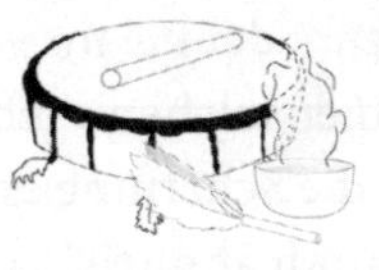

Ritualgegenstände sind stets von hoher Symbolkraft. Jeder einzelne Gegenstand sollte mit dem Zielgefühl und/oder einzelnen Handlungsabschnitten übereinstimmen. Es gibt temporäre Ritualgegenstände wie Wasser, Holz, Feuer oder beliebige nur einmal zu verwendende symbolische Utensilien (zum Beispiel Kerzen). Daneben besitzen rituell arbeitende Menschen oft sehr persönliche Ritualgegenstände, die ihnen von großer Bedeutung sind. Häufig sind dies Federn, Räucherutensilien, Klang- und Musikinstrumente sowie spirituell-religiöse Symbole. Der Gegenstand hilft dem rituell Arbeitenden, seine geistige Ausrichtung zu halten und – ganz im systemischen Sinne – die Verbindung zu bestimmten geistig-energetischen Kräften aufrechtzuerhalten, sodass nicht beständig daran gedacht werden muss. Schamanisch ausgedrückt, ist der entsprechende Gegenstand – etwa die Trommel oder Feder – auch Sitz eines Spirits und seiner Kraft.

Bevor wir uns allgemein mit der Symbolik von Ritualgegenständen beschäftigen und wie du sie auswählst, möchte ich das Augenmerk auf den Erhalt solcher dauerhaften Ritualgegenstände lenken, denn mit ihnen verbindet sich ein zunächst seltsam anmutender Brauch.

Der rituelle Diebstahl

Zu den eher schwer zu verstehenden rituellen Gesetzmäßigkeiten und Bräuchen gehört der rituelle Diebstahl. Schwierig vor allem deshalb zu verstehen, weil der Diebstahl ja grundsätzlich als ethisch problematisch verstanden wird. Insbesondere in einer christlichen Kultur, die klar in Gut und Böse scheidet und in der wenig Platz für Grauzonen ist, scheint ein im weitesten Sinne spirituell-ritueller Akt, der eben nicht eindeutig in das dualistische Verständnis hineinpasst, schwer zu fassen zu sein. Dabei stand auch in der Bibel ganz zu

Beginn der Menschwerdung ein ebensolcher ritueller Diebstahl: »Und die Frau sah, dass von dem Baum gut zu essen wäre und dass er eine Lust für die Augen wäre und verlockend, weil er klug machte. Und sie nahm von seiner Frucht und aß und gab ihrem Mann, der bei ihr war, auch davon und er aß. Da wurden ihnen beiden die Augen aufgetan und sie wurden gewahr, dass sie nackt waren, und flochten Feigenblätter zusammen und machten sich Schurze.« (1. Mose 3, 6-7) Der rituelle Diebstahl der verbotenen Früchte vom Baum der Erkenntnis lässt das Bewusstsein aufflammen. Erst durch diesen Diebstahl wird der Mensch zum Menschen, erst durch ihn erkennt er Gut und Böse. Formal gesehen waren Adam und Eva zuvor nicht strafmündig, weil sie kein Verständnis von den Folgen der Tat hatten.

Interessanterweise taucht der rituelle Diebstahl in den Mythen oft im Zusammenhang mit dem Kulturbringer auf:

Da Zeus nicht will, dass die Menschen sich entwickeln und aufstreben, enthält er den Menschen das Feuer vor. Der dem Titanengeschlecht entstammende Prometheus stiehlt darum das Feuer aus dem Olymp, um es den Menschen zu übergeben. Auch hier ist die Menschwerdung mit einem Diebstahl verknüpft.

Der Halbgott Herakles muss, um zum Gott aufsteigen zu können (seine spirituelle Ganzwerdung zu vollenden), zwölf Aufgaben bewältigen. In einer dieser Aufgaben muss Herakles – sehr ähnlich wie Adam und Eva – die goldenen Äpfel im Garten der Hesperiden stehlen, die vom Drachen Ladon bewacht werden. Diese Äpfel hatte Gaia als Geschenk für das Götterpaar Zeus und Hera wachsen lassen. Auch hier ist der Diebstahl eindeutig rituell, denn er steht symbolisch für die Gottwerdung des Menschen.

Solche Mythen sind weltweit anzutreffen: Im Schöpfungsmythos des Yolngu-Volkes (Australien) stehlen die Söhne der Urgötter Bildiwuwiju und Muralaidj die heiligen Symbole, die heiligen Lieder und Zeremonien, auf welche Art diese dann letztlich zu den Menschen gelangen. Ihnen wird jedoch der Frevel vergeben, da die Gotteskinder ihrer Mutter nicht die Gebärmutter gestohlen hatten, denn »dieses sichtbare Zeichen der Macht der Frauen würden wirkliche Männer niemals stehlen«.

In der Älteren Edda wird der Diebstahl von Thors Hammer durch den Riesen Thrym erzählt. Obwohl Thor und sein Bruder Loki wissen, wer den Hammer hat, wird er nicht einfach zurückgefordert. Der Hammer muss durch eine List zurückgestohlen werden, um wieder in den rechtmäßigen Besitz Thors zu gelangen. Beide verkleiden sich als Braut und Brautjungfer und gelangen so unerkannt ins Reich der Riesen. Sie essen mit den Riesen, bis der »Braut« der Hammer als Zeichen der Segnung in den Schoß gelegt wird. Erst jetzt besitzt ihn Thor wieder rechtmäßig – siehe unten die »Schenkung« – und er kann den Riesen damit erschlagen.

Auch die sumerische Inanna stiehlt die Weisheitstafeln *Me* (= Mutterweisheit, Magie, Heilkraft, religiöse Inspiration) zusammen mit dem Himmelsboot und dem Mond von Enki, indem sie ihn trunken macht, und bringt das *Me* nach Uruk. Durch den Diebstahl hat Inanna die göttlichen Gaben rituell-legal an sich gebracht, und so gibt Enki auch klein bei: »Im Namen meiner Macht und im Namen meines Tempels verkünde ich, dass die Weisheitstafeln der *Me* von nun an in deiner Stadt Uruk bleiben mögen. Sollen die Menschen in Uruk gedeihen und die Kinder Uruks sich erfreuen.«

Wir erkennen, dass die wesentlichen Kulturimpulse sehr häufig durch den rituellen Diebstahl an die Menschen übergingen. Die Diebe sind meist göttliche oder halbgöttliche Trickster-Gestalten. Wenn wir genau hinsehen, sehen wir, dass der Diebstahl nicht im Sinne eines Raubs mit Gewalt geschieht, sondern durch List. Der Trickster ist der Gauner oder Betrüger, im Deutschen oft als »göttlicher Schelm« übersetzt. Er fungiert dabei als Kulturheros. Der Psychologe C.G. Jung (»Zur Psychologie der Tricksterfigur«) bezeichnete die Gestalt des Tricksters als »ein getreues Abbild eines noch in jeder Hinsicht undifferenzierten Bewusstseins, welches einer der tierischen Ebene noch kaum entwachsenen Psyche entspricht«; er stelle somit eine »kollektive Schattenfigur« dar. Paradoxerweise ähnlich dem naiven »dummling« im Märchen oft zum Heil führend, »sei er mythologisch gesehen auch ein Vorläufer des Heilbringers«.

Der Trickster handelt also quasi mythologisch in einer Zeit, bevor die Ordnung und die Gesetze geschaffen wurden. »Der Trickster ist ein ›kosmisches‹ Urwesen göttlich-tierischer Natur, dem Menschen einerseits überlegen vermöge seiner übermenschlichen Eigenschaften, andererseits unterlegen vermöge seiner Unvernunft und Unbewusstheit.« (C. G. Jung)

Dieser mythologische Urdiebstahl ist nun in verschiedenen Ritualen häufig anzutreffen: In der Freinacht sind solche rituellen Diebstähle in Bayern toleriert. In der Regel ist die Freinacht die Walpurgisnacht, die Nacht auf den 1. Mai. Aber auch andere Nächte können als solche rituellen Freiräume gelten. In Fürstenfeldbruck bei München galten die Nächte auf den 1. April, vom Karsamstag auf den Ostersonntag, auf Georgi (23. April) sowie vom Pfingstsamstag auf Pfingstsonntag als Freinächte, in denen ritueller Diebstahl toleriert war. Das bekannteste Brauchtum ist der Diebstahl des Maibaums.

Wesentliches Kennzeichen des rituellen Diebstahls ist, dass das zu stehlende Objekt (zumindest ursprünglich, bevor es zum bloßen Schabernack ausartete) selbst ritueller Natur ist. Kraft- und Ritualobjekte zum Beispiel eines Schamanen können so »legitim« auf drei Arten erworben werden:

- Als Gabe der Geister: Das Objekt wird in der Natur gefunden oder man erhält es von einem Menschen als Geschenk.
- Man baut das Kraftobjekt selbst, zum Beispiel die Trommel, Rassel, den magischen Stab und so weiter.
- Erhält man aber lange kein solches Geschenk und ist selbst nicht fähig, das Objekt durch eigener Hände Arbeit zu bauen, so ist der rituelle Diebstahl legitim.

Das Kaufen eines Kraftobjektes gilt dagegen in vielen Kulturen als verpönt, weil dies dem Kraftobjekt die Kraft entziehe.

Der rituelle Diebstahl folgt jedoch stets strengen Regeln! Nur innerhalb dieser in der Gemeinschaft geltenden Regeln ist der rituelle Diebstahl legitim. Der Maibaum darf zum Beispiel nicht im Wald gestohlen werden, sondern muss sich innerhalb der Dorfgrenzen befinden. Er darf nicht mit Gewalt entwendet werden, hat ein Hüter seine Hand am Baum, so darf er nicht entwendet werden usw.

Eine Variation des rituellen Diebstahls stellt der »Brautraub« dar (in der Mythologie zum Beispiel Hades, der Persephone entführt). Dabei wird die Braut vor oder kurz nach der Eheschließung entführt und versteckt. Wird sie gefunden, muss sie ausgelöst werden.

Die Idee hinter dem rituellen Diebstahl ist, dass sakrale Objekte nicht wirklich dir gehören wie gewöhnlicher Alltagsbesitz. Sie werden dir von höheren Mächten gegeben, dazu ist oft ein Energieeinsatz notwendig. Das Ersinnen der List, das Anschleichen, den rechten Zeitpunkt abzuwarten und so weiter gilt als ein solcher Energieeinsatz, der die legitime Aneignung erlaubt. Oder anders gesagt: »Wenn die Götter und Geister es zulassen, dass du das Objekt entwendest, gilt dies wie ein Geschenk.« Zudem findet – entsprechend den Kulturheroen – der rituelle Diebstahl sozusagen außerhalb der gewöhnlichen Ordnung, in einer Art »Traumzeit« statt, also symbolisch-mythologisch gesehen, »bevor« es entsprechende Gesetze gegen den Diebstahl gab. Deshalb auch die genannten Zeiträume, die als Nichtzeit sozusagen aus der Alltagsordnung fallen.

Auch die Kirche frönte dem rituellen Reliquiendiebstahl. So soll unter anderen Briccius, ein dänischer Prinz, eine Viole des Heiligen Bluts Christi um 914 in Konstantinopel gestohlen und bis Heiligenblut am Großglockner gebracht haben.

Der »heilige Diebstahl« wurde von den Griechen mit dem Verb *syláô* (griech. Συλάω), beziehungsweise Substantiv *hê sýlê* (griech. ἡ σύλη) bezeichnet. Um nun besonders wichtige sakrale Objekte definitiv vor Entwendung zu schützen, schuf man besondere heilige Schutzzonen, die *a-sylos* ἄσυλον »unberaubt«, »sicher« waren. Hier war selbst der rituelle Diebstahl verboten, und es leitet sich unser Wort Asyl davon ab.

So ist der rituelle Diebstahl bis heute ein vor allem in der dualistischen Weltsicht schwer zu begreifender legitimer sakraler Akt. Wir sollten nicht vergessen, dass der griechische Gott Hermes eine ebensolche Trickstergestalt darstellt. Er war nicht nur Gott der Magier und Zwischenweltenwanderer, sondern auch der Diebe!

Du musst nachspüren, inwieweit dies für dich stimmig ist. Keinesfalls möchte ich dich hier zu einer kriminellen Tat verleiten! Aber eine Greifvogelfeder vom Boden aufzuheben und zu behalten, ist im strengen Sinne in Deutschland illegal. Es dient dem Schutz geschützter Vögel. So soll vermieden werden, dass diese Vögel bejagt werden und ihr Gefieder dem monetären Gewinnstreben auf einem durchaus wachsenden Markt geopfert werden. Greifvogelfedern (sowie Schwingen geschützter Vogelarten) müssen strenggenommen der Naturschutzbehörde übergeben werden. Tust du das nicht, hast du die Feder eigentlich gestohlen.

Ich jedenfalls bin mit den meisten (wenn auch nicht allen) meiner dauerhaften Ritualgegenstände so verfahren, und das empfehle ich dir auch:

- Baue dir den Gegenstand selbst.
- Finde ihn in der Natur.
- Lasse ihn dir von einer anderen Person rituell schenken.
- …und dann gibt es noch den rituellen Diebstahl. Vereinbare mit deiner Ethik, ob dieser für dich in Frage kommt.

Wichtige dauerhafte Ritualgegenstände sind – zumindest in schamanisch affinen Kreisen – die Schamanentrommel, die Räucherfeder und die Räucherschale. Sehen wir uns ihre Symbolik an, bevor wir den Blick auf weitere rituelle Gegenstände weiten.

Die Symbolik der Trommel

Die Trommel spielt in vielen religiösen Zeremonien eine Rolle. Sie ist als Ritual- und Kultinstrument tief in der spirituellen Tradition der Menschen verschiedenster Völker und Religionen verankert. Das deutsche Wort »Trommel«, vom mittelhochdeutschen »trumel«, ahmt den dumpfen Klang der Trommel nach: trum-me. Die archäologischen Funde der Trommel von Zorbau (3400–3000 v. Chr.), der Tontrommel aus Sachsen-Anhalt (ca. 3000 v. Chr.), der Tontrommel aus Erfurt (3. Jahrtausend v. Chr.) oder der Tontrommel von der Dölauer Heide zeigen, dass die Trommel auch zur ureigenen europäischen Kultur gehört. Auch wenn sie im Christentum eine untergeordnete Rolle spielt, so findet sie als Schlagholz oder Schlagbrett des *naqus* auch im Nahen Osten, als *semantron* in griechisch-orthodoxen Klöstern, als rumänische *toacă* und russische *bilo* in christlichen Riten eine Anwendung.

Den Klang des Donners nachahmend, ist die Trommel ein Attribut der Donnergötter beziehungsweise der Gottheiten, die mit Blitz und Donner in Beziehung stehen: Der japanische Donnergott Raijin, der chinesische Leigong oder die Yoruba-Gottheit Shango sind Beispiele dafür. Hier wird der Klang zu einer Nachbildung des Grollens und damit der Urgewalt an sich.

Shiva erzeugt mit dem Urton seiner Trommel die Schöpfung. Im Daoismus und Shintoismus wird mit der Trommel zu Gebet und Andacht gerufen. Die Trommel hat die Kraft zu erwecken, zu initiieren und auszulösen. Sie haucht Leben ein. Als solches ist die Trommel mit dem Herzschlag verwandt, von dem der Fötus neun Monate lang im Bauch der Mutter begleitet wird. Die Trommel wird so zum Kultgerät der Großen Mutter. Bei Zeremonien für die Erdgöttin Kybele wurden Trommeln geschlagen wie Catulus (87–54 v.Chr.) berichtet. Auch der Trommelurton Shivas steht mit diesem ersten vernommenen Urton des menschlichen Lebens in Beziehung.

Der Schlag der Trommel hat je nach Rhythmus eine beruhigende oder dynamisierende Wirkung. Langanhaltende Trommelrhythmen führen dazu, dass sich der Herzschlag synchronisiert. In seiner dynamisierenden Form kann die Trommel wie im Falle der Kriegstrommeln für Schrecken und Gefahr, aber auch Mut stehen. Sie kündigt etwas Wichtiges an (»die Werbetrommel rühren«) und macht aufmerksam.

Bei Trommelrhythmen um die 4 Hz (etwa 200–250 Schläge pro Minute) treten psychische Effekte auf. Der 4 Hz-Trommelrhythmus wird von einem 4 Hz-Gehirnwellenrhythmus beantwortet, der dem Zustand der Trance entspricht. Andrew Neher fand bereits in den 1950er Jahren heraus, dass der Trommelrhythmus das Schmerzempfinden senken und sogar Krämpfe lösen oder auslösen kann.

Hier wird die Trommel zum Werkzeug der schamanischen Reise. Mit ihr tritt der schamanisch Arbeitende in Beziehung zum Rhythmus der Erde, ruft die Geister und wird selbst möglicherweise von einer zunehmenden Ekstase ergriffen. Als rituelles Werkzeug ist das Material der Trommel von größter Bedeutung: Das Holz des Rahmens ist ein Symbol des Weltenbaumes (also der Weltenachse und Mitte der Welt). Je nach Kultur, wird dafür deshalb das Holz des Baumes gewählt, der als physische Widerspiegelung des Weltenbaums eben jener Kultur (Birke, Eibe, Tanne…) gilt. Die Bespannung besteht aus der Haut des Krafttieres des Schamanen. Das Tier wirkt als Hilfsgeist bei den Zeremonien und Riten. Oftmals ist die Bespannung mit Symbolen und mythischen Motiven bemalt, die die Arbeit des Schamanen unterstützen. Es sind mythische Weltkarten oder sie stellen die Anrufung von Schutz- und Hilfsgeistern dar. Der Schamane verwendet die Trommel in erster Linie als »symbolisches Reittier« bei seiner mystischen Himmelsreise, ferner als Werkzeug beim Orakel und zum Herbeirufen der Geister bei Krankenheilungen. In all diesen Fällen werden die obengenannten Grundsymbole genutzt: Der Urimpuls, die (Wieder-)Verbindung mit der Schöpferkraft (Mutter), (zum Beispiel bei Heilungsritualen), der Ruf (der Geister), die Ankündigung, das Erwecken (des Initianten, der Urkraft) und das Initiieren (von neuen Grundimpulsen).

Symbolik der Feder

Die Feder ist ein zentrales rituelles Element vieler schamanischer Zeremonien. Das Verteilen des Rauchs geschieht meist mit einer Feder oder einer Schwinge – viel seltener mit einem Fächer. Aber nicht nur indigene Kulturen nutzen die Feder als Symbol und rituelles Instrument. Der ägyptische Gott Amun trug als Kopfschmuck eine Doppelkrone aus Federn. Sie zeichnete ihn als Windgott aus. Daher war auch eine seiner physischen Erscheinungsformen die Gans. Auch die ägyptische Göttin Maat hatte die Feder als Attribut. Nach dem Tode wurde das Herz des Verstorbenen – als Symbol der Seele – gegen die Feder der Maat aufgewogen. Hier tritt uns die Feder als Symbol der Wahrheit und Lauterkeit, aber auch des Jenseits an sich entgegen. Die ägyptische Hieroglyphe für Wahrheit ist eine Feder. Im antiken Rom war die Feder ein Attribut der Göttin Juno, ihre Heiligtümer wurden mit Federn geschmückt. Bei den irischen Kelten war die Feder des Zaunkönigs ein Attribut der Göttin Macha. Die Feder galt den Seefahrern als Schutzsymbol. Im Buddhismus ist die Pfauenfeder ein Symbol der Offenheit und selbst christliche Heilige (Birgitta von Schweden, Gertrud von Helfta, Otto von Freising) tragen die Feder als Attribut. Hier tritt sie meist als Schreibwerkzeug auf und steht als Symbol für Wissen und Mystik.

Abb. 2: Ägyptische Hieroglyphe für »Wahrheit«: Die Feder der Maat

Natürlich steht die Feder zuallererst mit den Vögeln in Verbindung. Feder, Vogel, Flug und Flügel gehen auf dieselbe indogermanische Wurzel zurück: pëtër-ugs und bedeutet in etwa »los-, niederstürzen, fliegen, fallen«. Als Wesen der Luft ist der Feder die Symbolik der Leichtigkeit und des Luftelementes zugewiesen. Deshalb folgt es einer inhärenten Logik, wenn zum Verteilen des Rauchs in schamanischen Zeremonien, der ja selbst mit dem Luftelement verwandt ist, die Feder oder Schwinge genutzt wird. Vögel nahmen ihren Platz zwischen der physischen Welt und dem Sternenraum (Sterne = griechisch *astra*, »das Astrale«) ein. Letzterer galt als die Welt der Götter und war das Jenseitige, Seelenhafte (astral). So sind Vögel Vermittler der göttlichen Kraft, eine Brücke ins Jenseits und Boten der Götter. Es ist daher nicht verwunderlich, dass viele Götter Vögel als Reittiere und Attribute haben: die oben erwähnten ägyptischen Götter Amun und Maat, Jupiter den Adler, Athene die Eule, Odin die Raben, Vishnu den Vogel Garuda und so weiter. Diese Symbolik betrifft auch die Feder. Als Teil eines Vogels ist die Feder dem Jenseits und dem Göttlichen verwandt, sie ist ein Symbol des Lichtes und der Sonne und damit der Bewusstheit.

Daher sind auch Engel als göttliche Boten gefiedert. Sie sind Zeichen und Boten göttlicher Macht, Gnade und Weisheit. Wenn Frau Holle die Betten schüttelt, fliegen die Federn. Einerseits ist die Feder wegen ihrer Leichtigkeit mit der Schneeflocke verwandt, andererseits verteilt die Göttin Hulda oder Holle mit den Federn auch göttliche Segensaspekte über das Land.

Die Macht des Göttlichen wiederum macht die Feder zu einem Symbol der Macht und des Mutes. In Bayern, Salzburg und Tirol war die Hahnenfeder, die wegen ihrer Form, die einer Sense oder Sichel gleicht, »Schneid« genannt wurde, ein Symbol des Mutes und der männlichen Kampfeskraft (»Schneid« im Bayrischen = Mut). Die Schneidfeder wurde für alle sichtbar am Hut getragen – nicht viel anders als ein indianischer Kopfschmuck. Raufereien zwischen zwei Burschen gingen oft symbolisch um die Schneidfeder. Trug man diese zu Unrecht, »schmückte man sich mit fremden Federn«. Auch dies ist bereits im Mittelalter nachweisbar, als Federn als Symbol der Macht und Kraft auf den Helmen getragen wurden. So fand die Feder auch ihren Weg in die Heraldik (Wappenkunde). Im Wappen steht eine Feder für Gehorsam und Gelassenheit des Geistes. Im Turnier verlor man als Zeichen der Niederlage seine Feder, man »musste Federn lassen«.

Andererseits kann die Feder aber auch ein Friedenssymbol sein. Schenkte man einem Feind eine Feder, so erkannte man seinen Mut und seine Ehre an, gleichzeitig schloss man Frieden. Oft geschah dies durch eine weiße Feder. 1775 sollen Indianer auf ihrem Kriegspfad in ein Gotteshaus der Quäker gestürmt sein. Weil die Quäker aber in Ruhe und Ehrfurcht verharrten und keine Waffen bei ihnen zu finden waren, erklärten ihnen die Indianer den Frieden, und der Häuptling soll eine weiße Feder aus seinem Kopfschmuck an die Tür des Gotteshauses geheftet haben. Im Ersten Weltkrieg wird dagegen das Überbringen einer weißen Feder zu einer Schmähung, weil der so »Geehrte« als Drückeberger und Feigling, der nicht kämpfen will, gebrandmarkt wird.

So ist die Feder eine Brücke zur göttlichen Macht, zu der von ihr vertretenen Wahrheit und zu Mut und Ehre, aber auch eine Brücke in die jenseitigen Reiche.

Räucherschalen: Symbolik von Muschel und Schnecke

Zum Räuchern bedarf es eines Gefäßes. Grundsätzlich eignet sich dafür jedes hitzebeständige Gefäß, ob nun Teller oder Kokosnussschale. Doch Räucherschalen sind auch rituelle Instrumente. Die Wahl der genutzten Räucherschale ist natürlich eine Frage der persönlichen Neigung. Darüber hinaus aber wirkt rituell gesehen natürlich auch die Symbolik der Schale.

Beliebte Räucherschalen stellen Muscheln und Meeresschneckenhäuser dar (wobei hier die Form und nicht die zoologische Zuordnung im Mittelpunkt der Betrachtungs steht).

Die Symbolik der Muschel

Als im Meer, in Seen und Flüssen lebendes Tier ist die Muschel in ihrer Symbolik eng mit dem Wasser verbunden. Die Muschel war ein Attribut zahlreicher Meeresgötter, aber auch der griechischen Göttin Aphrodite. Das berühmte Bild »Die Geburt der Venus« von Sandro Botticelli lässt die Venus auf einer Muschelschale stehen. Auch die indische Lakshmi, das hinduistische Gegenstück zu Aphrodite, ist mit der Muschel als Attribut verbunden. Die Form der leicht geöffneten Muschel, wie zum Beispiel der Miesmuschel, machte diese schon in frühen matrifokalen Gesellschaften zu einem Symbol der weiblichen Vulva. In afrikanischen Stammeskulturen wurden Muscheln daher gerne für Fruchtbarkeitszauber verwendet. Sehr ähnlich wurde in China die Kaurimuschel mit dem absoluten Yin in Verbindung gebracht. Insgesamt steht die Muschel in Verbindung mit dem Gefäßcharakter des Urweiblichen und kann so auch zu einem Synonym der Göttin, der Magna Mater selbst, werden.

Dies wurde auch in patriarchalen Religionen grundsätzlich weiter übernommen. Hier aber wird die Muschel nun zu einem Symbol Gottes. Im Islam ist die Muschel ein Symbol für das Ohr des Gläubigen, der Gottes Wort vernimmt.

Als Räucherschale nimmt die Muschel also rituell die Kraft des Göttlich-Weiblichen, des Wasserelements und der Sexualität und

Fruchtbarkeit an. Es kommt mit Feuer, Rauch (Luftelement) und Sand (Erdelement) zu einer Verbindung der vier Elemente.

Die Symbolik der Schnecke

Das Schneckenhaus als Räuchergefäß nimmt, da es sich allein schon wegen der notwendigen Größe um Meeresschnecken-Schalen handelt, die Wassersymbolik ebenfalls auf. Sie erweitert diese Grundsymbolik jedoch in das Lunare hinein. Bei den Azteken verkörperte die Schnecke den Mondgott Tecciztecatl, der die Schnecke als Attribut auf dem Kopf oder dem Rücken trägt. Mit dem zu- und abnehmenden Mond betreten wir den Symbolkreis der Wiedergeburt und der Zyklen. Die Grundform der Schnecke ist die Spirale. So wird die Schnecke zu einem Symbol der beständigen Erneuerung. Im Buddhismus ist die Schnecke ein Symbol für das Samsara, den Sieg über den Kreislauf der Wiedergeburten, und das Blasen des Schneckenhorns verkündet die Erleuchtung.

Damit erhält die Schnecke auch kosmische Aspekte. Die Spirale ist bereits in steinzeitlichen Ritzzeichnungen ein Symbol für den Kosmos und die Schöpfung selbst. Das sich aus dem Nullpunkt entwickelnde Schneckengehäuse gleicht der materiellen und spirituellen Evolution.

Als Räucherschale nimmt das Gefäß damit rituell die Symbolkraft der Schöpfung auf. Schneckenförmige Räucherschalen eignen sich für Rituale, die neue schöpferische Impulse setzen, oder in denen zum Beispiel mit den Ahnen gearbeitet wird (Symbol der Wiedergeburt). Für welches Gefäß du dich auch immer entscheidest, werde dir der zugrundeliegenden Symbolik bewusst, denn diese ist essenzieller Bestandteil der Rituale.

Symbolik und rituelle Nutzung des Blutes

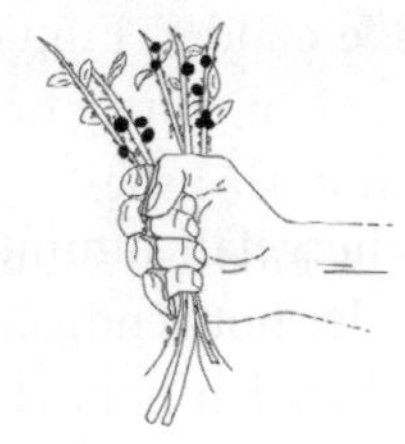

Blut gehört mit seit Beginn der Menschheitsentwicklung zu den rituellsten und magischsten Substanzen. In der germanischen Mythologie ebenso wie in der griechischen Antike galt der Mensch als aus dem Blut der Götter erschaffen. Dabei ist die symbolische Verbindung von Blut und Leben essenziell. Die Beobachtung, dass ein ausblutendes Wesen langsam die Kräfte verlassen, gehört mit zu den menschlichen Urerfahrungen. In der jüdischen Tora wird das Blut mit dem Leben, ja mit der Seele selbst gleichgesetzt. Nahm man dieses Blut zu sich, so verband sich die Seele des Tieres mit jener des Menschen. Auf diese Weise entstanden viele Opferkulte, aber ebenso rituelle Verbote. In der griechischen Antike wurde frisches Blut als Heilmittel gegen Epilepsie eingesetzt, damit die Seele des Epileptikers sich neu nähren und »aufladen« könne. Wir sind Wesen aus »Fleisch und Blut«, also aus Körper und Seele. Selbst im Christentum kommt es zur Verkultung des Opferbluts Christi. Durch die Aufnahme des rituell-symbolischen Blutes in der Eucharistie verbindet sich der Gläubige mit dem Geist Christi. In der Anthroposophie wird die Benetzung der Erde mit dem Blut Christi während des Opfertodes am Kreuz verstanden als das Übergehen des Christus-Geistes in die Erde und seine rituelle Verschmelzung.

Blut verbindet also die eigene Seele mit der eines anderen Wesens.

Die Blutsbrüderschaft

Bei der Blutsbrüderschaft kommt es zur rituellen Verbindung zweier nicht genetisch verwandter Männer durch die rituelle Vermischung von Blut. Im germanischen Brauchtum verpflichtete man sich durch die Blutsbrüderschaft zu unerschütterlicher Treue, die auch die Versorgung der Familie des Blutsbruders bei dessen Tod einschloss. Ein überliefertes germanisches Blutsbrüderritual wurde wie folgt beschrieben: Ein Erdloch wurde ausgehoben, in das sich die beiden Männer, die sich rituell verbinden wollten, barfüßig stellten. Das Erdloch symbolisierte die Gebärmutter der Erde, aus der beide nach dem Ritual neu geboren entsteigen würden. Die Männer fügten sich Schnittwunden an den Unterarmen zu und pressten diese aufeinander. Einige Tropfen Blut wurden mit Met vermischt und getrunken, einige benetzten die Erde der Grube als heilige Verbindung mit der Erde.

Hier erkennen wir sehr gut, wie das Blut rituell genutzt wird, um zu einer Seelenverbindung zu führen.

Religiöse Blutsverbindungen

Auch in der Religion wird das Blut weltweit zur Verbindung der eigenen Seele mit dem verehrten göttlichen Prinzip eingesetzt. Im Aschura-Fest der islamischen Schiiten ritzen sich die Gläubigen die Stirn mit Klingen und verbinden sich auf diese Weise rituell mit dem Martyrium des Prophetenenkels Hussein. Durch die Selbstverletzung im Ritual soll es grundsätzlich auch zu einem Transformationsakt kommen: Die Verschmelzung der eigenen Seele mit der Göttlichkeit über das Blut soll die Seele reinigen, transformieren und erheben. Ganz ähnlich wird dies durch die Selbstkasteiung in christlichen Mönchsorden praktiziert.

Menstruationsblut

Das Blut der Frau hat die Kraft, neues Leben zu erschaffen und einer Seele somit auf die Erde zu helfen. Darum war das Menstruationsblut ambivalent mit Tabus behaftet. Wöchnerinnen durften keine Kirche betreten, in manchen Zeiten galt dies auch für Frauen, die ihre Regel hatten. In Indien dürfen zum Beispiel menstruierende junge Frauen nicht die heilige Basilikum-Pflanze anfassen, die sonst verdorren könnte. Symbolischer Hintergrund ist die Kraft der Frau in diesem Moment, die befähigt wäre, der heiligen Pflanze ihre Kraft zu entziehen, um diese für die Fruchtbarkeit und das neue Leben zu nutzen. Im Christentum kommt in obigen Verboten auch die starke Ambivalenz zwischen kosmischer und chthonischer Kraft zum Tragen: Das Menstruationsblut würde die Kraft des heiligen Ortes der Erde zuführen, was im kosmisch orientierten Christentum als Verunreinigung des Sakralortes gesehen wurde.

Die rituelle Nutzung des Blutes

In unzähligen Ritualen, unabhängig vom praktizierten Glauben, wird Blut somit eingesetzt, um die Seele zu verbinden und zum Beispiel Objekte damit zu initiieren. Die Aufnahme eines Initianten in einen Zirkel geschah nicht selten über Blut, weil dadurch ein starker Seelenpakt zwischen Individuum und Gemeinschaft entstand. Die Rituale der schlagenden Burschenschaften sind auf diese Weise symbolisch-rituell zu interpretieren. Priesterinnen wurden mit Blut initiiert und Ritualgegenstände mit eigenem Blut sozusagen auf den Besitzer »geprägt«. Die rituelle Nutzung von Blut dient daher im grundlegenden Sinne dazu, einen magischen Akt zu verstärken, wobei es jedoch bei der Nutzung eigenen Blutes zur Bindung von Seelenanteilen kommt.

Ein Versuch der Intelligence and Security Command der US-Army zeigt die bindende Kraft des Blutes sehr gut: Probanden entnommene Blutzellen in einem Reagenzglas zeigten Erregungszustände, wenn den Versuchspersonen in einem anderen Raum gewaltsame Szenen gezeigt wurden. Der Mensch und sein Blut blieben verbunden. Diese Verbindung konnte immerhin auf eine Dauer bis zu zwei Tagen nachgewiesen werden – und das ohne rituelle Unterstützung.

Ob dieser starken (Ver-)Bindung, die die rituelle Arbeit mit Blut aufbaut, sollte man sich überlegen, ob diese wirklich angemessen ist. Ja, Blut hat eine starke rituelle Kraft und lädt ein Ritual, beziehungsweise den Ritualgegenstand stark auf. Doch solltest du dir überlegen, ob du wirklich eine solch starke Seelenverbindung mit diesem Ritualobjekt möchtest! Möglicherweise wäre ja auch ein »Blutersatz« ausreichend?

Blutersatz

Neben dem Wein als Blutersatz im christlichen Ritual, wurde Wein auch eingesetzt, um zum Beispiel in Bauritualen Schweine- oder Ochsenblut zu ersetzen. Es kommt damit auch zu einer Verschiebung von der Tier- zur Pflanzenmagie.

Viel älter aber ist die Nutzung von rotem Ocker. Schon in der mittleren Altsteinzeit ist die Bemalung der Toten mit rotem Ocker belegt, die in Embryonalstellung begraben wurden. Dies sollte die Aufnahme durch die Große Göttin Erde und die spätere Wiedergeburt fördern. Als größte Mutter aller, galt der rote Ocker als »Menstruationsblut der Erde«. Er verhieß Kraft, Fruchtbarkeit und die umwandelnde Macht der Wiedergeburt. Eisenoxide färben den roten Ocker, und Eisen ist das Hämoglobin des Bluts. Das Eisen verbindet beide Stoffe innerlich. Erst in der Antike geht die Verwendung von rotem Ocker als Ersatzstoff für Blut allmählich zurück und wird später beim Kleiderfärben durch den Saft der Purpurschnecke ersetzt.

Bei der Nutzung des Blutes im Ritual sollte stets seine bindende Macht bedacht werden. Auch, ob das Blut aus freien Stücken gegeben oder gewaltsam genommen wurde, entfaltet seine Wirkung. Blutrituale sind Seelenverträge. Natürlich können auch diese gelöst werden, das bedarf jedoch starker ritueller Akte und Entscheidungen. Objekte, die mit eigenem Blut geprägt wurden, verbrennt man am besten rituell, um die Verbindung zu lösen. Grundsätzlich sollte man aber stets überlegen, ob Blut als Aktivator und Transformator mit seiner bindenden Kraft wirklich die richtige Wahl ist oder ob nicht andere Stoffe besser geeignet sind.

Rituelle Gegenstände und Analogien

Rituelle Gegenstände tragen als Träger der Kraft durch ihre Symbolik und Analogie zum Gelingen des Rituals bei. Sie halten deinen Fokus auf das Ziel gerichtet und verstärken diesen. Ein abgelegtes oder genutztes Objekt trägt zudem, wie in einer systemischen Aufstellung, dazu bei, dass die Kraft weiter gehalten wird, ohne dass du an diesen Kraftaspekt permanent denken musst. Hilfreich für die Verknüpfung der Kraft mit dem Objekt ist die Analogie. Eine Analogie ist eine Affinität, Ähnlichkeit, ein Anklang oder eine Entsprechung. Die Symbolik der Analogie spielt in der Ritualmagie eine große Rolle. Diese ist am stimmigsten, wenn du nicht lange über die Bedeutung nachdenken musst, wenn sie dir selbstverständlich erscheint. Ein Beispiel: Wenn du die Aufgabe erhältst, eine Entsprechung der Tageszeit zur Jahreszeit zu finden, was wäre für dich der Sommer? Sicherlich würdest du ihn am schnellsten mit dem Mittag assoziieren. Mittag und Sommer, beziehungsweise Morgen und Frühling, Abend und Herbst, sowie Nacht und Winter fühlen sich ähnlich an, sie entsprechen sich. Nutze bei der Wahl der Gegenstände, der Zeitqualitäten, der Himmelsrichtungen und dergleichen im Ritual die Kraft der Analogie. Diese sollten für dich mit dem Erreichen deines Zieles zu tun haben.

Beispiel vier Elemente

Die vier Elemente Erde, Wasser, Luft und Feuer sind tief im europäischen Denken (und natürlich auch darüber hinaus, denn sie wurden zum Beispiel auch von der indigenen Bevölkerung Nordamerikas sowie in Indien genutzt) verankert. Die vier Elemente stehen dabei nicht nur für das, was sie mit ihrem Wort ausdrücken. Wasser ist mehr als das physische Wasser und Feuer mehr als die Flamme. Die vier Elemente stehen symbolisch für eine ganze Reihe anderer Aspekte auf materieller, seelischer und geistiger Ebene (ausführlich gehe ich darauf in meinem Buch »Das Haus als Spiegel der Seele« ein).

Das **Element Erde** verkörpert die Festigkeit, die Manifestation, Körperlichkeit und Materie. Im erweiterten Sinne steht Besitz mit dem Element Erde in Beziehung. Ein Ding, ein Objekt, wird durch seine Grenzen definiert. Eine Kaffeetasse wird durch ihre Form (und die damit verbundene Funktion) als solche erkennbar. Insofern können auch Grenzen (materielle wie übertragen geistige) ein Aspekt des Elementes Erde sein.

Wenn du das Element Erde im Ritual nutzen möchtest, um zum Beispiel mehr Stabilität ins Leben zu bringen, die Manifestationskraft zu stärken, deinen Körper zu kräftigen oder deinen Besitz durch Grenzen zu schützen, dann wählst du Objekte aus, die du mit dem Element Erde assoziierst. Dies kann eine Handvoll Erde oder Humus sein (er bringt meines Ermessens das Thema der Fruchtbarkeit gut zur Geltung). Du kannst aber auch einen Stein wählen, der besonders gut die Dichte des Erdelements verkörpert, oder für den Ausdruck der Kristallinität eine Handvoll Sand. Was immer du wählst, es sollte für dich (oder in einer Gruppe für die Teilnehmergemeinschaft) diese innere Verbindung repräsentieren. Natürlich kannst du dir in Büchern und Listen über die vier Elemente Anregungen holen, aber maßgeblich ist nicht, was ich oder irgendein Autor schreibt, es muss für dich *stimmig* sein, sonst verliert dein Ritual an Kraft.

Das **Element Wasser** steht nicht nur für das physisch erlebbare Wasser, sondern letztlich für alles, was flüssig ist und fließt. Im übertragenen Sinne kann man ebenso das Fließen der Zeit oder des Lebens mit dem Wasserelement assoziieren. Wasser verändert sich beständig. Es geht hier also weniger um die Form – wie beim Erdelement – sondern stärker um die innere Qualität. Ganz gleich, welche Form das Wasser annimmt, ob als kugelförmiger Tropfen oder als fließende Linie, es bleibt dennoch Wasser. Zudem ist das physische Wasser jenes Element, das wir in allen drei Aggregatzuständen kennenlernen können: in fester Form als Eis (es bildet hier schon eine Brücke zum Erdelement), in flüssiger Form mit dem Aspekt des Fließens und in dampfförmiger, ja unsichtbarer Form (es bildet hier eine Analogie zum Geist). Wasser wandelt sich und insofern steht es für alles, was sich wandelt. Hast du schon einmal beobachtet, wie oft sich im Tagesablauf deine Stimmung, deine Gefühle verändern? Man kann manchmal schon sagen, dies geschieht minütlich. Beobachte dich einmal selbst dabei, wenn du ein Buch liest, einen Film ansiehst oder Musik hörst. Deshalb wird das Wasserelement auch gerne mit unseren Gefühlen und Emotionen assoziiert.

Wenn du Wasser im Ritual nutzen möchtest, um Emotionen zu klären, etwas ins Fließen zu bringen oder Veränderungen und Wandel zu unterstützen, dann kannst du natürlich auf physisches Wasser zurückgreifen. Allerdings verhält sich auch Schall wie Wasser. Er fließt in Wellen durch den Raum. Wenn diese Assoziation für dich naheliegt, kannst du auch Instrumente zum Einsatz bringen, Glocken oder Zimbeln zum Beispiel, ein Regenrohr, das den Klang des Regens nachempfindet, oder einfach deine Stimme. Du kannst ploppen wie Regentropfen oder zischen wie rauschender Regen.

Das **Element Luft** ist unsichtbar. Wir erfahren es durch die Bewegung, zum Beispiel durch das Wogen eines Getreidefeldes, den Zug

Tabelle 1: Vier Elemente

Element	*Themen*	*Objekte*
ERDE	Körper, Besitz, Manifestation, Grenzen, Fruchtbarkeit	Stein, Erde, Sand
WASSER	Emotionen, Wandlungen, Fließen	Wasser, Klang (Glocke, Zimbel)
LUFT	Verstand, Kommunikation, Freiheit	Federn, Blätter, Pusten, Wind, Fahne
FEUER	Transformation, Geist, Spiritualität, Wille	Feuer, Kerze, Fackel, Funken

der Wolken oder das Zittern eines Blattes im Wind. Das Luftelement überbrückt mit seiner Bewegung den Raum. Im übertragenen Sinne machen dies auch Worte. Deshalb kann das Element Luft eine Analogie für die Kommunikation sein. Da es unsichtbar ist, aber Dinge in Bewegung versetzt, wird das Luftelement auch als Analogie für den Verstand und das Denken genutzt. Und schließlich ist das Luftelement ein starkes Symbol der Freiheit, die alle (Erd-)Grenzen überwindet: »Frei wie der Wind«.

Wenn du das Luftelement im Ritual verwenden möchtest, um etwas mit den Geistern zu kommunizieren oder Freiheit in dein Leben zu holen, kannst du natürlich pusten oder mit deiner Bewegung eine Luftbewegung erzeugen. Du kannst aber auch Objekte verwenden, die für dich unmittelbar mit dem Wind und der Luft verbunden sind: eine Feder, Laubblätter oder eine Fahne zum Beispiel.

Das **Element Feuer** schließlich ist das dynamischste Element. Es ist in seiner physischen Form heiß und wird darum zum Kochen verwendet, also um Speisen zu transformieren. Das Feuerelement transformiert die Form und führt diese aus einem Zustand in einen anderen. Aus Teig wird Brot. Im Transformationsprozess des Komposthaufens wird aus Blättern Erde (und der Komposthaufen dabei warm = Feuer) und beim eigentlichen Verbrennen wird aus Holz Asche. Es ist aber auch der Funke in uns, die Idee (der »zündende Funke«), der Wille zur Tat, der uns in Dynamik versetzt, also die Motivation. Im eher religiösen Bereich transformiert das Feuerelement den Geist. Daher wird das Feuerelement gerne mit der Spiritualität assoziiert.

Suche dir für ein Ritual, in welchem du die lichte und transformierende Kraft des Feuerelementes einsetzen willst, etwas Brennbares und entzünde es, oder entzünde eine Kerze oder Fackel oder schlage Funken. Wenn die Assoziationskette für dich stimmig ist, kannst du aber auch ein religiöses Symbol verwenden.

Du erkennst in diesen Ausführungen, wie die Symbolkraft der Assoziation und Analogie funktioniert. Natürlich kannst du diese nicht nur auf die vier Elemente anwenden, sondern auch auf die Kraft der Planeten, der Tierkreiszeichen und letztlich aller Aspekte des Lebens. Wenn du magst, kannst du aber mit folgender Übung dein Verständnis für die vier Elemente vertiefen. Bedenke dabei: Es geht hier nicht um richtig und falsch. Wohlmöglich findest du in einem anderen Buch (oder auch in diesem) andere Zuordnungen, die den deinigen zu widersprechen scheinen.

Übung

Nimm dir ein Blatt Papier und assoziiere frei. Mache dir am besten eine Art Tabelle und schreibe oben in die erste Zeile die vier Elemente: Erde, Wasser, Luft und Feuer. Ordne jetzt zu: Welche Tageszeiten (Morgen, Mittag, Abend, Nacht) oder Jahreszeiten ordnest du assoziativ einem Element zu? Welchem Element ordnest du bestimmte Lebensaspekte zu wie Freude, Arbeit, Spiel, Familie? Welche Gefühle entsprechen für dich dem jeweiligen Element? Du kannst die folgenden Vorschläge nutzen, bleibe aber frei, auch eigene Informationen zuzuordnen.

Ordne den vier Elementen zu:

- Tageszeiten
- Jahreszeiten
- Himmelsrichtungen
- Gefühle
- Lebensaspekte
- Pflanzen
- Wetterlagen
- Lebensziele
- …

Weitere Beispiele für nutzbare Analogien

Du musst und sollst dich nicht auf die vier Elemente beschränken. Diese dienten in erster Linie als Beispiel. Du musst also nicht unbedingt den »Umweg« über die vier Elemente machen. Viele Aspekte können wir sehr frei und unmittelbar assoziieren. Dabei kannst du auch rituelle Handlungen im gesellschaftlichen Alltag beobachten: Wenn ein Richter ein Urteil bestätigt, schlägt er mit dem Hammer, in religiösen Zeremonien wird zur Bestätigung eines priesterlichen Satzes ein Glöckchen oder eine Zimbel geschlagen. In vielen Gebeten bitten wir um »inneres Licht« und entzünden dafür eine Kerze. Wenn eine Verbindung geschaffen wird, zum Beispiel während einer Trauungszeremonie, wird in verschiedenen Religionen ein Band oder Seil

Abb. 3: Schlösser mit Gravuren der Namen von Liebespaaren an einer Brücke: Symbole ewiger Verbindung an einem Schwellenbereich

um die Hände des Paares gebunden. Um eine Verbindung »in Ewigkeit« zu bekräftigen, wurde es Brauch, an »Orten des Übergangs« (von einem Lebensbereich in einen anderen) wie zum Beispiel Brücken ein Vorhängeschloss mit eingraviertem Namen des Liebespaares anzuschließen und den Schlüssel in den Fluss (des Lebens) zu werfen. In religiösen Bildern wird der Tod als Knochenmann mit Sense (der Schnitter) dargestellt. In Mythen steckt die Vitalkraft und Stärke in den Haaren, das sehen wir am Beispiel Samsons, oder dass beim Eintritt in ein Kloster die Haare geschoren werden. Sieh dich einfach mit offenen Augen um, denn auf diese Weise könnte ich die restlichen Seiten dieses Buchs füllen. Du kannst gerne wieder eine Übung ein-

Tabelle 2: Nutzbare Analogien

Bestätigung	Gong, Glocke
Bewusstheit	Licht
Energie	Feuer, Batterie, Sonnenwärme, Bewegung, Nahrung
Freiheit	Feder
Fruchtbarkeit	Ei, Pflanze, Milch
Persona	Bild, Maske
Schutz	Kreis, Mauer, Mantel
Schwelle	Ast, Balken, Treppenstufe, Türe, Mandorla
Tod	Knochen, Stundenglas, Verrottetes, Sense
Verbindung	Seil, Schnur, Band, Knoten, Kette
Vitalkraft	Haar, Pflanze
Wachsen	Pflanze
Zeit	Uhr, Stundenglas
Ziel	Zielscheibe, Pfeil, Bild

legen – ähnlich wie zu den vier Elementen. Nimm einen beliebigen Begriff, der dir einfällt und begegnet und überlege, mit welchem Objekt du diesen in Beziehung bringst.

Tabelle 2 zeigt einige Beispiele von Aspekten, die häufig in Ritualen Anwendung finden und wie sie durch ein Objekt repräsentiert werden

Herstellung von Weihwasser

Wasser ist nach unserer kollektiven Erfahrung jener physische Stoff, der durch seine Wandlungskraft und damit seiner Veränderlichkeit dem Ätherischen sehr nahesteht. Im Denken Wilhelm Reichs gibt es eine intensive Anziehungskraft zwischen Orgon und Wasser oder in der chinesischen Vorstellung zwischen Qi und Wasser. Aber auch bei uns herrschte im 17./18. Jahrhundert die Auffassung, dass Wasser die »Miasmen« speichern würde. In der Homöopathie können die Informationen der Ausgangssubstanz im Wasser stark verdünnt weitergetragen werden.

Als eine Trägersubstanz, die Stoffe desintegriert und ihre Kraft bewahrt, erfüllte das Wasser seit frühesten Zeiten eine sakrale Funktion. Weihwasser im weitesten Sinne des Wortes finden wir so im Schintoismus, in schamanisch arbeitenden Kulturen, im Hinduismus, im Buddhismus und natürlich im Christentum.

Im Grunde handelt es sich bei Weihwasser um geweihtes beziehungsweise gesegnetes Wasser. Ich möchte dir hier ein Verfahren vorstellen, das sich zwar an die Weihwasserherstellung der katholischen Kirche anlehnt, aber nicht deren Formel und innere Ausrichtung verwendet. Bei der Erstellung von geweihtem Salz (siehe unten) segnet der katholische Priester dieses zum Beispiel mit den lateinischen Worten, die folgendes aussagen:

Unsere Hilfe unter der Schirmherrschaft des allmächtigen und unsterblichen Gottes. O Salz, einzigartiges Geschöpf Gottes, ich schäle dich beim allmächtigen Gott, beim wahren Gott, beim heiligen Gott, bei dem Gott, der dir durch den Propheten Elischa befohlen hat, ins Wasser zu fließen, damit seine dauerhaften Kräfte verjüngt werden.

Ich schütte dich aus, damit du für die Gläubigen ein Weg zur Sündenverminderung wirst, damit du die Seele und den Körper eines jeden erfrischst, der dich benutzt, außerdem, damit du die Orte, an denen du besprengt wirst, in jedem Winkel abwäschst und fliehst und den teuflischen Betrug und jeden unreinen Geist abwäschst, beschworen von dem, der kommen wird, um die Toten und die Lebenden und die Feuerwelt zu richten. Amen.

Dem (noch profanen) Wasser wird zum Beispiel der Geist ausgetrieben mit den (übersetzten) Worten:

Ich treibe dich aus, damit du die ganze Macht des Feindes in die Flucht schlägst und fähig bist, diesen Feind mit seinen abtrünnigen Engeln auszurotten und zu verdrängen: durch die Kraft unseres Herrn Jesus Christus, der kommen wird, die Lebenden und die Toten und die Welt durch Feuer zu richten. Amen.

Vorsichtig ausgedrückt, liegen mir solche Vorgehensweisen nicht. »Sünde«, »teuflischer Betrug«, »die Toten zu richten«, das Austreiben des Wassergeistes und so weiter laufen meiner philosophisch-spirituellen Sicht zutiefst zuwider. Ich habe mich deshalb darum bemüht, eine wirksame Form zu finden, die frei von einer bestimmten Religion ist. Die Wortformeln solltest du entsprechend deiner religiösen Sicht anpassen. Dazu musst du dir bewusstwerden, welche Kräfte du anrufen möchtest. Sind es die Ahnen? Die Naturgeister? Ist es Gaia selbst? Gott? Die kosmischen Kräfte? Du entscheidest. Es ist dein Weg. Aber es sollte dir auf jeden Fall bewusst sein, welche geistigen Helfer du bittest. Wandle ab, sodass es für dich stimmig ist.

1. Schritt: Geweihtes Salz

- Besorge dir reines Salz, ohne Rieselhilfen und Beimengungen.
- Schütte es in eine flache Schale. Am besten nutzt du dazu die Kraft des Schwarzmonds.
- Halte deine Hand über die Schale mit Salz und sprich:
  »Geehrt bist du, Salz der Erde!

Du bist in der Erde gewachsen und der Erde entnommen.
Sei geschätzt und geliebt.
Dank dir, dass du die heilige Kraft des Segens aufnimmst und weiterträgst!
Mit der Kraft Gaias (oder hier deine Helfer einfügen), aus der du gekommen bist:
Möge sich das Salz reinigen von allen Anhaftungen, die dem Segnungsprozess entgegenstehen.«

- Lass das Salz über Nacht stehen, damit der Schwarzmond negative Anhaftungen beseitigen kann.
- Halte anschließend wieder deine Hand über die Schale, verbinde dich mit deinen Spirits. Beispielsweise: Baue eine Verbindung über deine Fußsohlen zur Erde auf. Visualisiere, wie dir Wurzeln wachsen und du dich mit Gaia verbindest. Atme die Kraft der Erde in dich ein.
- Sprich nun:

»Geehrt bist du, Salz der Erde!
Du bist in der Erde gewachsen und der Erde entnommen.
Sei geschätzt und geliebt.
Dank dir, dass du die heilige Kraft des Segens aufnimmst und weiterträgst!
Möge die Kraft von (deine Kraftquelle, zum Beispiel ›Gaias und ihrer Wesen in der Natur‹) sich dieses Salzes annehmen und es heiligen!
Du bist das Salz der Erde, du bist die Quelle der Segenskraft!«

2. Schritt: Geweihtes Wasser

- Besorge dir reines Wasser, am besten aus einer dir bekannten Quelle, mit der du dich innerlich verbunden fühlst.
- Gegebenenfalls filtere das Wasser, um es von Feinablagerungen zu reinigen.
- Gieße das Wasser in eine Schale oder ein hohes Glas.
- Nimm das Gefäß in die Hände und sprich:

»Geehrt bist du, Wasser aus der Erde!

- Du bist das Blut Gaias und in ihrer Kraft gereinigt.
- Dank dir, dass du die heilige Kraft des Segens aufnimmst und weiterträgst!«
- Visualisiere ein Licht, das aus deinen Händen strömt und das Wasser durchlichtet. Sprich dazu:
  »Geehrtes Wasser, das unsere Zellen belebt und erfrischt, ich durchlichte dich, auf dass du gereinigt bist von allen Anhaftungen, die dem Weiheprozess entgegenstehen!«
- Nun stelle das Gefäß vor dich, nimm etwas von dem geweihten Salz und streue es ins Wasser. Halte deine Hand über das Wasser und sprich:
  »Geehrtes Wasser, Blut der Erde!
  Im Namen von (deine Kraftquelle, zum Beispiel ›Gaia und ihrer Wesen in der Natur ‹) vereinige dich mit dem geweihten Salz, auf dass auch du gesegnet bist!«
- Rühre mit einem sauberen Holzstäbchen das Wasser im Gefäß so lange, bis sich das Salz ganz darin gelöst hat.
- Verbinde dich beim Rühren mit deiner Kraftquelle. Lasse beispielsweise die Kraft der Erde in dir aufsteigen und visualisiere, wie diese über deine rührende Hand ins Wasser strömt.
- Halte die Hand noch einmal über das Wassergefäß und sprich:
  »Du bist geweiht im Namen von (deine Kraftquelle, zum Beispiel ›Gaias und ihrer Wesen‹).
  Wirke an jenen Orten, an denen du versprengt wirst und heilige das, mit dem du in Berührung kommst!
  Im Namen von (deine Kraftquelle, zum Beispiel ›Gaias und ihrer Wesen‹).
  So sei es!«

3. *Aufbewahrung und Entsorgung*

- Bewahre das Wasser in einem »respektvollen Gefäß« auf. Es sollte fest verschließbar sein. Lagere es dunkel.
- Nutze immer so viel davon, wie du gerade brauchst. Schütte Reste nicht zurück in das verschließbare Gefäß, sondern übergib sie der Erde.

- Auch geweihtes Wasser kann verderben. Selbst in der katholischen Kirche gibt es die Anweisung, offenes Weihwasser einmal pro Woche auszutauschen. Meiner Erfahrung nach kannst du ein in einem geschlossenen Gefäß aufbewahrtes Weihwasser gut ein halbes Jahr oder auch deutlich länger aufbewahren.
- Wenn du es dennoch einmal entsorgen möchtest, übergib es der Erde mit den Worten:
  »Aus dir kommend, zu dir gehend. Nimm zurück, Gaia, dieses geweihte Wasser in dein Innerstes.
  Danke!«

Weihwasser kannst du in Zeremonien und Ritualen nutzbringend einsetzen:

- vor dem Ritual zur grundlegenden Reinigung und Vorbereitung
- zur Reinigung von dauerhaften Ritualgegenständen
- während des Rituals zur Herbeirufung deiner Kraftquelle
- zur Segnung eines Ortes
- und für viele andere Zwecke.

Die Handlung

Die Handlung als Trägerin der Kraft ist natürlich das Auffälligste am Ritual. Die rituelle Handlung ist eine geistig fokussierte Tat, ein gelebtes Symbol, das nicht Selbstzweck ist, sondern stets mit den einbezogenen geistig-seelischen Kräften im unterstützenden Einklang stehen sollte. Vor allem aber hilft die Handlung dem das Ritual Ausführenden dabei, seine geistige Ausrichtung während der Zeit des Rituals aufrecht zu halten.

Wie bei allen Symbolen gilt: Die zeremonielle Handlung kann für Außenstehende, Nicht-Eingeweihte, gründlich missverstanden werden. Dazu gleich mehr. Eine der stärksten rituellen Handlungen sind Gesten.

Die rituelle Macht der Gesten

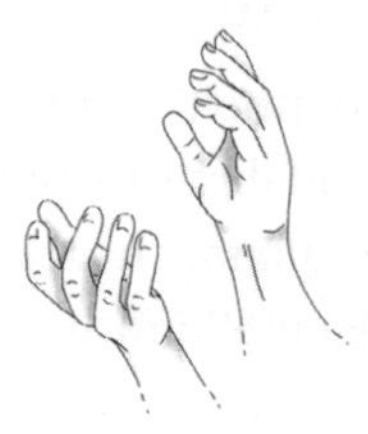

Die Geste ist ein machtvolles Instrument, sowohl in der Wahrnehmung als auch in der rituell-magischen Wirkung. So gibt es keine Religion, keine spirituelle Gruppe, die ohne rituelle Gesten auskommt. In der Fernsehserie »The Magicians« werden Zauber über die Kraft der Gestik gewirkt. Doch wir müssen nicht das Reich der Fantasy betreten, um uns der ungeheuren Macht bewusstzuwerden, die von einer Geste ausgeht.

Den Kniefall von Warschau von Willy Brandt 1970 und die Verweigerung des Handschlags an den französischen Präsidenten Hollande durch einen Polizisten hatten wir schon zu Beginn des Buches erwähnt. Auch dem amerikanischen Präsidenten Donald Trump wurde inzwischen mehrfach vor laufenden Kameras der Handschlag verweigert. Die Geste und ihre Verweigerung haben enormes sozialpolitisches Gewicht.

Doch Gesten sind in ihrer Symbolik immer situationsgebunden. Sie erhalten ihre Macht aus dem richtigen Augenblick und werden dadurch zu einem gewirkten Symbol. Hätte Brandt sich nur die Schuhe gebunden, wäre dies kaum in den Geschichtsbüchern aufgetaucht. Die Geste erhält ihre Kraft also aus der inneren Verbundenheit mit der geistigen Absicht.

Manche rituelle Geste ist dabei so universell, dass sie über Jahrtausende verstanden wird. Der Segensgestus der erhobenen Hände wird heute noch in der katholischen wie protestantischen Kirche ausgeführt. Auch Schamanen zelebrieren dies in sehr ähnlicher Weise. Bereits im alten Ägypten vermittelte die Geste den Segen der Lebenskraft, sodass die segengebende Geste selbst zu einer Hieroglyphe wurde: Sie steht für den

Abb. 4: Ägyptische Hieroglyphe für den persönlichen Ätherkörper »Ka« (abgeleitet von Segensgestus)

persönlichen Ätherkörper Ka. Die Geste der offenen Hand ist stets mit friedlicher Absicht verknüpft.

Obgleich die reine Gestik ohne innere Verbundenheit nicht viel mehr ist als ein geplappertes Zauberwort wie »Abrakadabra«, so ist die rituelle Geste mit geistiger Ausrichtung doch ein unglaublich starker Katalysator, der die innere Absicht aus dem geistigen Raum in den physischen holt. Im traditionellen Schamanismus wird man kaum einen Schamanen finden, der eine Heilungsarbeit nicht mit Gesten verknüpft: Da werden »ätherische Knoten« mit einer Geste des Ergreifens und Herausziehens aus dem Körper gelöst und unsichtbare seelische Verbindungen durch eine Geste des Durchtrennens mit flacher Hand, Feder oder Ritualmesser entfernt. Die Geste erst gibt der inneren Absicht Kraft und Macht. Manch Anfänger kommt sich bei der öffentlichen Ausführung solch ritueller Gesten albern vor, unterlässt diese deshalb und mindert die rituelle Wirkung dadurch um ein Vielfaches.

Emotionen, E-Motionen, wollen hinausbewegt werden, wie schon ihr Name zeigt. Diese innere in eine äußere Bewegung umzusetzen, gibt ihnen Schwung wie einem Auto mit Startschwierigkeiten, das man anschiebt. Die Geste ist hier die Kraft, die energetische Initiation der rituellen Handlung zu bewirken.

Andererseits kann die Geste auch zu einem Werkzeug der Wahrnehmung werden. Durch das realkörperliche Abtasten eines unsichtbaren Raumes werden Eindrücke sinnlich erfahrbar. Wie in der »Riesenübung« können weit entfernte, aber sichtbare Orte abgetastet und mit geschlossenen Augen imaginierte Räume erfühlt werden. Die gestikulierende Nachahmung des Wahrnehmungsprozesses vervielfacht auch hier die Wahrnehmungseffizienz.

Im Ritual wird die Geste so passiv und aktiv zu einer mächtigen Verbündeten, die hilft, Kraft zu übertragen, Verbindungen zu durchtrennen und zu knüpfen, Kräfte herbeizuziehen und schützende Mauern zu errichten. Die Gestik ist dabei so tief in uns verankert wie die Mimik. Wir müssen keine komplizierten rituellen Gesten auswendig lernen, wir müssen nur die innere Bewegung nach außen tragen. Die Macht der Geste ist uns sozusagen in die Wiege gelegt. Und doch unterdrücken wir sie mehr und mehr und werden dadurch zweidimensional. Welcher Politiker erhebt beim Schwur noch die Hand? Wer breitet bei der Freude noch die Arme aus, um damit die ganze Welt teilhaben zu lassen? Die Verwendung von Gesten im Alltag und ganz besonders im Ritual macht uns ein Stück ganzer, heiler und unterstützt die gegebene Macht, Vorstellungen materielle Wirklichkeit werden zu lassen.

In der Außenwahrnehmung allerdings müssen wir uns hüten, Gesten vorschnell zu deuten. Kennen wir den Zusammenhang nicht, werden Gesten rein äußerlich verstanden und schnell missinterpretiert. Eine Geste des Segens kann dann zu einer des Grußes abflauen oder gar zu einer Gestik der Zurückweisung werden und umgekehrt. Das Erkennen liegt hier in der Übung, Nuancen zu er-fassen und zu be-greifen. Wer natürliche rituelle Gesten übt, ja eigentlich nur zulässt, versteht auch die der anderen immer besser.

Übung

Stelle dich vor einen größeren Spiegel und gehe in verschiedene Gefühle und Absichten. Lass daraus eine spontane Geste entstehen. Dann wiederhole diese Geste mehrmals. Die Geste hat dann die richtige Anbindung und Kraft, wenn auch für dich selbst aus der Geste heraus das Gefühl oder die Absicht wieder erlebbar wird.

Übe dies zum Beispiel mit folgenden Absichten:

- Einladen
- Zurückweisen
- Rufen
- Segnen
- Bitten
- Danken
- Verbinden
- Trennen
- und vieles andere mehr.

Bemühe dich, an die Wurzel der Kraft zu gelangen. Lass die Absicht tief in dir entstehen und gib ihr in der Gestik Ausdruck.

Rituelle Gesten verstehen und missverstehen

Rituelle Gesten begleiten unser Leben. Wir nutzen sie oft, ohne dass es uns bewusst ist, dass sie eine ist. Die bekannteste ist wohl der Handschlag, der – verweigert – Unmut, Zorn, ja Aggression heraufbeschwören kann, oder – gewährt – Versöhnung und Freundschaft fördern kann. Rituelle Gesten sind gelebte Symbole. Wir erkennen mit ihnen soziale Gemeinschaften, ähnliche geistige Gesinnungen, ja, auch geheime Botschaften.

Rituelle Gesten sind also wichtig – für das Ritual, aber auch für den Alltag. Allzu leicht aber missverstehen wir sie, da rituelle Gesten in verschiedenen sozialen und rituellen Gemeinschaften durchaus unterschiedlich eingesetzt werden. Das Ausspucken zum Beispiel wird in unserer Kultur als eine Geste der Missachtung interpretiert, in China gilt es als »normal« und »gesund«, weshalb auch in Hotels Spucknäpfe aufgestellt werden. Auch in Indien wird gewöhnlich das Ausspucken nicht als negativ interpretiert. Hier bedeutet Kopfschütteln übrigens Zustimmung!

Viel zu schnell und voreilig interpretieren wir Gesten gerne im eigenen sozial-rituellen Kontext und setzen den Gegenüber damit in ein bestimmtes Gesinnungsumfeld, zu dem er womöglich gar nicht gehört. Als Beispiel soll uns die Mano cornuta, die »gehörnte Hand« dienen.

Die Mano cornuta ist eine Geste, bei der eine Faust gebildet, kleiner Finger und Zeigefinger aber ausgestreckt werden. Im Buddhismus ist diese rituelle Geste eine heilige Mudra, die in Tibet als »Karam« bezeichnet wird. Sie dient dazu, böse Geister zu vertreiben und so den Geist für die Meditation freizuhalten. Die »Hörner« der rituellen Hand sind Symbole eines Yaks, also eines heiligen Tieres. In Indien ist die Gestik als Apan Mudra bekannt.

Die gleiche Geste wird – noch sehr ähnlich in seiner rituellen Verwendung – zur magischen Abwehr des bösen Blicks vor allem in Südeuropa eingesetzt. Gleichzeitig ist sie hier bereits in ihrer Ambivalenz ein Symbol der Untreue. Die Corna (Hörner) über dem Kopf bezichtigen der Untreue (der »gehörnte« Ehemann).

In satanisch ausgerichteten Gruppierungen wird die gleiche symbolische Geste zur »Teufelshand«, und in der Metal-Szene wird sie etwas veralbernd in Deutschland als »Pommesgabel« bezeichnet. Wie sie dort Einzug gehalten hat, ist stark umstritten. Manche leiten es von der schwarzmagischen Affinität der Szene her, andere aus dem Brauchtum, wieder andere erkennen die Geste schon bei frühen Rockmusikern wie zum Beispiel John Lennon und Elvis Presley.

Bei der American Football-Mannschaft Texas Longhorns dagegen gehört die Geste zum Erkennungszeichen der Fan-Gesinnung.

Eine Geste, viele verschiedene soziale Gruppen, divergierende Bedeutungen. Wenn wir nun einen amerikanischen Präsidenten wie George W. Bush mit dieser Geste sehen, müssen wir den Zusammenhang verstehen. Als Texaner ist ein Bezug zur Footballmannschaft am wahrscheinlichsten. Auch irritierende Bilder von Bischöfen und Päpsten, die die rituelle Gestik der Mano cornuta zeigen, kreisen durchs Internet. »Natürlich« eine satanische Geste! Oder spiegelt unsere Interpretation vielleicht auch unsere Ängste und unser Weltbild wider? Natürlich. Immer.

Abb. 5: »Mano cornuta«-ähnliche Gestik:
Links: beim Papst während einer Veranstaltung vor Gehörlosen (Gehörlosengeste »Ich liebe Euch«)
Mitte: in der Rock-Szene (Sogenannte »Pommesgabel«)
Rechts: im Apan Mudra bzw Karam

Gerade bei aus dem Zusammenhang gerissenen Bildern sollten wir achtsam sein. In welcher Situation wurde das Bild aufgenommen? Was war das Ereignis? In welchem sozialen Umfeld fand es statt?

So wie Gestalten mit Hörnern für tief im christlichen Glauben Verwurzelte unumstößlich für den Teufel stehen, sie in keltoaffinen Kreisen aber den Naturgott Cernunnos darstellen mögen, steht die Mano cornuta für Vertreter der Elitenverschwörung unwiderruflich für den Satanismus dieser Gruppierung. Da wird man wenig dran rütteln können. Alle anderen, die es schaffen, ihren Geist zu öffnen und mit offenem Herzen auf andere zuzugehen, mag dies ein Impuls sein, andere Perspektiven für die Deutung ritueller Gesten einzunehmen, anstatt ein Schnellurteil zu fällen.

Die rituelle Handlung

Da die rituelle Handlung ein Symbol ist, gilt grundsätzlich dasselbe wie bei den Gegenständen gesagt: Was wäre für dich die stimmigste Ausführung? Es gibt so etwas wie eine Grundregel, die die Wahl einer rituellen Handlung grundsätzlich sehr einfach macht: Vollziehe das, was du geistig vollziehen willst, physisch!

Schutz

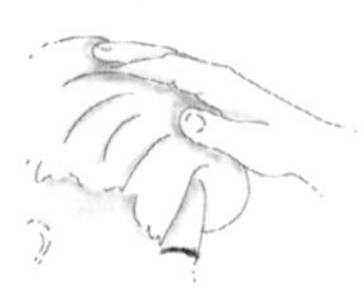

Wenn du Schutz herbeirufen willst, für eine Person oder ein Projekt, so umhülle das dafür stehende gewählte Symbol (Gegenstand), umschreite es, ziehe einen Kreis darum herum, rufe Schutzgeister herbei oder besprenge den rituellen Gegenstand mit geweihtem Wasser. Lege die Hand darauf und bitte um Segen. Eine solche rituelle Handlung kann sinnvoll sein, wenn allgemein sensible Akte folgen, vor dem Beginn eines Prozesses oder bei aufkommenden Ängsten.

Beispiel: Um dich zu schützen, lege einen Umhang oder Mantel vor dich auf den Boden, lege die Hand darauf und bitte deine Schutzgeister (geistiger Führer, Spirit, Schutzengel…) um Schutz und Segen.

Hebe den Mantel oder Umhang auf und ziehe ihn selbst oder der zu schützenden Person an.

Beginn

Wenn du mit einem Projekt beginnen möchtest, geht es vorwiegend darum, diesem einen guten Grundimpuls zu geben. Dies kann eine Firmengründung, der Hausbau oder auch der Einzug sein, ebenso natürlich jeder Beginn eines anstehenden Projektes. Traditionell legt man für den Hausbau einen Grundstein, in den man segnende und schützende Gaben hineinlegt. Oft ist es ein Segensspruch. Wir können diesen einmeißeln oder schlicht aufschreiben. Auch hierbei ist es – ähnlich wie beim Thema Schutz – hilfreich, segnende und schützende Kräfte einzuladen. Du kannst zum Beispiel die Himmelsrichtungen und ihre Kräfte anrufen (dazu kommen wir noch).

Beispiel: Du willst einem Projekt einen positiven Startimpuls geben. Suche dir ein rituelles Objekt, das dein Projekt am besten repräsentiert. Stelle es vor dich, rufe deine Hilfskräfte, lege die Hand auf das Objekt, das dein Projekt repräsentiert, und bitte um Segen. Rufe aus (zur Wortwahl kommen wir später): »Schutz und Segen für Projekt X!« – läute zur Bestätigung ein Glöckchen einmal. »Kraft und Fülle für die kommenden Jahre!« – läute das Glöckchen abermals. »Möge es allen Beteiligten Freude bringen!« – läute das Glöckchen ein drittes Mal. Besprenge das Objekt mit Weihwasser. Überreiche das Objekt dem Projektleiter oder stelle es an einem zentralen – stimmigen – Ort auf.

Verbindung

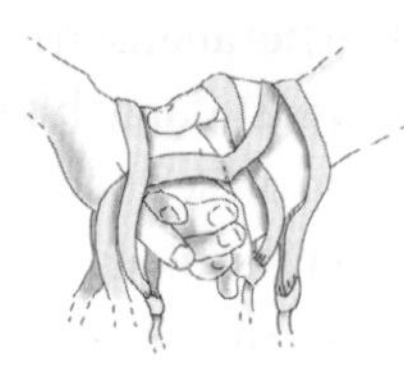

Verbindungsrituale sind wie schon einmal erwähnt insbesondere bei Trauungen üblich. Aber auch bei jeglichen anderen Beziehungen zwischen Menschen oder einem Menschen und einer bestimmten Kraft können Verbindungsrituale zum Einsatz kommen. Ja, selbst bei einem Versprechen kann die rituelle Handlung der

Verbindung dieses verstärkend bekräftigen. Wer Harry Potter kennt: Der »unbrechbare Schwur« zwischen Severus Snape und Narzissa Malfoy wird durch das Umwinden der Arme der beiden mit einem magischen Band besiegelt. Am einfachsten und deshalb auch am häufigsten genutzt ist genau dieses: das (Ver-)Binden zweier Personen oder Objekte als Stellvertreter mit einem Band oder Seil. Aber auch der magische Knoten gehört hier dazu. Während des Knotens und Knüpfens kommen dann wieder »magische Sprüche« zum Einsatz. Oft wird das so geknüpfte Band, das den Träger mit bestimmten Kräften verbindet, als Gürtel getragen.

Beispiel: Du möchtest dich mit einer bestimmten Kraft verbinden, zum Beispiel der spirituellen Transformationskraft. Suche dir also ein Objekt, das für eben diese Kraft steht. Dies kann zum Beispiel ein religiöses Symbol sein. Stelle das Objekt etwa einen Meter vor dir auf und knote eine Schnur daran. Dann umwickle mit der Schnur dein Handgelenk oder deine Hüfte. Bestätigende Worte können die Verbindung stärken (siehe unten).

Loslassen und Trennen

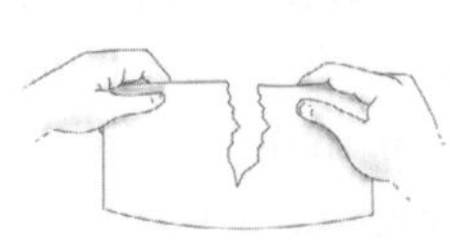

Das Gegenteil von Bindung ist Trennung. Auch diese kann in bestimmten Lebensabschnitten nötig werden. Du kannst dich von alten Verbindungen, Situationen, Beziehungen und Mustern trennen. Bei Trennungsritualen sollte beachtet werden, dass der Istzustand zunächst rituell hergestellt werden muss, um ihn lösen zu können. Du schreibst die bestehende Situation auf, um den Zettel anschließend zu verbrennen; du baust eine kleine Mauer auf und reißt sie ein; du verbindest zwei Objekte mit einer Schnur und schneidest diese dann durch und so weiter. Um nicht verächtlich auf das Alte herabzusehen, kann es sinnvoll sein, sich dafür zu bedanken und es erst danach zu verabschieden. Alles im Leben hat seine Zeit und zu dieser seinen Sinn. Nur weil es heute nicht mehr passt, muss es nicht schlecht gewesen sein. Geht es eher um das Loslassen, kann man die Situation oder Beziehung »verteilenden Kräften« übergeben.

Beispiele: Schreibe den Namen auf ein Papier, falte ein Schiffchen daraus und übergib es einem Bach oder Fluss. Wenn es mit dem Thema Freiheit verbunden ist, ist vielleicht das Luftelement angebrachter: Du schreibst alles auf, reißt das Papier klein und übergibst es dem Wind. Oder du wirfst das rituelle Objekt in eine Schlucht.

Eine spezielle Form des Loslassens stellt die Sterbehütte dar, ein Ritual, das auch den Schwellenübergang beinhaltet. Baue dir ein Haus oder Zelt, und wenn du es betrittst, verlässt du dein altes Ich. Lege dich hin und lasse alles vor deinem inneren Auge vorüberziehen. Danke und verabschiede dich. Dann schlafe ein, und wenn du erwachst, bist du neu geboren.

Übergang und Schwelle

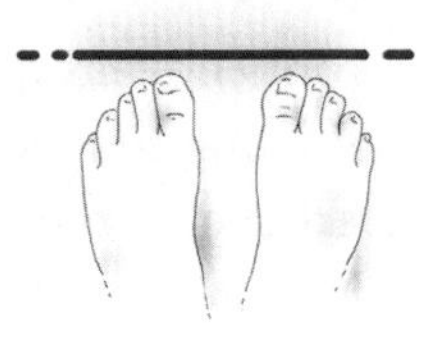

Übergangsrituale finden wir vor allem bei einem Wechsel von Lebensphasen: Die Taufe nach der Geburt reinigt das Neugeborene und es wird in eine Glaubensgemeinschaft aufgenommen. Die Firmung beziehungsweise Konfirmation wurde in der DDR durch die Jugendweihe ersetzt. Es ist die Aufnahme in die Gruppe der Erwachsenen. Die Hochzeit verbindet nicht nur Braut und Bräutigam, sie stellt – wie es sich im Junggesellenabschied und dem Polterabend offenbart – auch einen Schwellenübertritt in einen neuen Lebensabschnitt dar. Und natürlich gehören die Bestattungszeremonien zu den großen Schwellenritualen des Lebens. Über diese großen Lebensabschnittsschwellen hinaus können jedoch die Beendigung einer inneren Krise oder allgemein essenzielle Zustandsänderungen ein Schwellenritual »fordern«.

Typische Ritualhandlungen bei Schwellenritualen ist die Änderung der Kleidung (zum Beispiel beim Eintritt in ein Kloster), das Schneiden der Haare oder das Verbrennen von Ritualgegenständen, die für das alte Leben stehen. Die Schaffung einer neuen Maske (= Person) oder eines anderen neuen Ritualgegenstandes für den neuen Lebensaspekt stellt dazu das Pendant dar.

Schwellenrituale im Kleinen können aber ebenso zur Anwendung kommen, wenn du in einen neuen oder andersartigen Erfahrungsraum eintreten möchtest.

Beispiel: Du möchtest mit den Naturwesen in Kontakt treten und deshalb die Anderswelt betreten. Werde dir dieses Wunsches bewusst und suche dir einen etwa einen Meter langen Stock. Lege ihn vor dir auf den Boden. Er ist die Schwelle in die Anderswelt. Räuchere dich ab, werde dir noch einmal deines Seelenwunsches bewusst, dann tritt über die Schwelle. Sei offen, was dir in der Natur begegnet. Alles gehört von nun ab zur wahrnehmenden Erfahrung, ganz gleich, ob eine Tierbegegnung oder ein lärmender Traktor, nimm es als zeichenhafte Erfahrung! Verlasse anschließend die Anderswelt, indem du wieder über die Schwelle trittst, und übergib den Stock wieder der Natur.

Reinigung

Reinigungsrituale dienen der Befreiung von seelischen Belastungen oder körperlichen Krankheiten. Zudem können sie als Vorbereitung genutzt werden. Die rituelle Waschung gehört im Islam zur Vorbereitung der Begegnung mit Allah im Gebet.

Die Waschung oder das Baden ist wohl das am häufigsten verbreitete Reinigungsritual. Natürlich geht es um eine physische Reinigung, aber eben nicht nur. Die äußere Waschung ist mit einer »Seelenwaschung« verbunden. Rein äußerlich ist die Totenwaschung in den meisten Fällen unsinnig, sie dient jedoch zugleich der Vorbereitung des Schwellenübertritts ins Jenseits. Alle Seelenanteile sollen abgewaschen werden. Trockener geht es bei Ritualen mit Rauch zu, also beim Abräuchern des Körpers oder dem Abstreifen des Körpers mit den Händen oder einem Stab. Auch hierbei werden bestimmte energetische Seelenanteile abgelöst. Innerliche Reinigungen sind zum Beispiel das vorbereitende Fasten oder der Entzug von Koffein, Nikotin, Alkohol und dergleichen. Rituale des Verbrennens alter Kleider können als Reinigung oder als Schwellenritual verstanden werden. Auch die Taufe ist Reinigung und Schwellenübertritt zugleich.

Beispiel: Du möchtest dich von alten Verhaltensmustern lösen. Werde dir ihrer bewusst und schreibe sie auf ein Blatt Papier. Lege eine Schale und ein Feuerzeug bereit. Begib dich ins Bad und lasse dir Wasser in die Wanne. Entkleide dich und gib die Kleidung in die Schmutzwäsche. Lege dir frische Kleidung bereit. Stehe nackt vor der Wanne und werde dir noch einmal jener Verhaltensmuster bewusst, die du lösen und abwaschen möchtest. Nun verbrenne sie, indem du das Papier verbrennst. Sei dir bewusst, dass sich deine Verbindung zu diesen Mustern löst. Nun steige in die Wanne und tauche vollständig unter. Wasche alles Alte ab. Wenn du aus der Wanne steigst, bist du auf einer Ebene neu geboren. Gib die Asche des verbrannten Papiers in die Wanne und lasse das Wasser ab. Sieh zu, wie das Alte aus deinem Leben verschwindet.

Heilung

Heilungsrituale sind im Grunde eine Unterform der Schwellen- und Reinigungsrituale. Im Krankheitsprozess durchlebt der Organismus eine Katharsis. Wir verändern uns nicht nur körperlich, sondern auch seelisch.

Ein wesentlicher Dreischritt bei Heilungszeremonien ist Anerkennen, Annehmen und Wandlung. In der Phase der Anerkennung lassen wir die Verleugnung hinter uns. Es ist wichtig anzuerkennen, dass die Krankheit Teil unserer alten Lebensweise und Muster ist. Damit nehmen wir die Phase der Krankheit als einen wichtigen kathartischen Schritt an, der uns zu diesem Erkenntnisprozess geführt hat. Nun sind wir bereit für die Wandlung und damit das eigentliche Heilungsritual: Altes stirbt, Neues wird geboren. Hierbei können die Reinigungsrituale zur Anwendung kommen.

In der Bildmagie formt man ein Bild des Alten, das zerstört wird und schafft ein neues Selbstbild, dass frei von der Krankheit ist. Hier ist es wichtig, die neue Kraft zu integrieren. Dies kann geschehen, indem wir rituell Wasser trinken, etwas Neues umwandeln – zum Beispiel backen – und essen.

Beispiel: Werde dir deiner Muster bewusst, die zur Krankheit geführt haben. Nimm sie an und erkenne damit deinen Anteil an der Erkrankung an. Spüre nach, ob du wirklich bereit bist, deine alten Muster loszulassen. Nun male ein Bild von dir, das dich in deiner Krankheit zeigt. Wenn du bereit bist, diesen Abschnitt loszulassen und deine Muster zu ändern, verbrenne das Bild und übergib es der Natur (zum Beispiel in einen Bach). Nun stelle dir die Wunderfrage: Wie fühlt es sich an, wenn die Krankheit fort ist und du deine alten Muster verbrannt hast? Wo fühlst du den neuen Zustand? Finde ein Symbolbild dafür. Male nun ein Bild von dir, indem du währenddessen mit dem Wundergefühl verbunden bleibst. Du kannst dieses an einem zentralen Ort aufhängen oder du verbrennst auch dieses! Backe ein Brot und mische die Asche des neuen Zustandes mit hinein. Verinnerliche diesen Zustand, indem du das Brot rituell isst.

Aufnahme

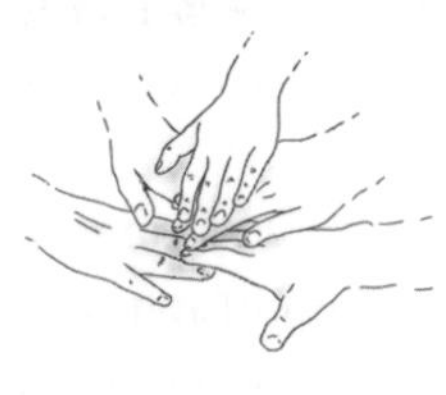

Auch die Aufnahme in eine Gemeinschaft stellt eine besondere Form der Schwellenrituale dar. Grundsätzlich ist dies bereits ein Initiationsritual (siehe unten). Neben dem Aspekt des Schwellenrituals, in dem man das Alte ablegt und das Neue betritt, zeichnet die Aufnahme die Anerkennung der Gemeinschaftsmitglieder aus. Man wird als gleichberechtigt anerkannt und zum Beispiel als »Bruder« oder »Schwester« bezeichnet, wie dies zum Beispiel in Klöstern üblich ist. Eine häufige Handlung ist dabei die Kreisbildung, denn im Kreis steht jeder gleichberechtigt. Andere Formen sind das gemeinsame Legen eines Mosaikmusters, das Hinzufügen des eigenen Handabdrucks (wie in vorzeitlichen Höhlen), das gemeinsame Weben oder Flechten eines Musters. Auch das Teilen des Brotes wie beim letzten Abendmahl oder das Trinken aus einem Gefäß stärkt den

Gemeinschaftszusammenhalt und fügt den neu Hinzugekommenen in die Gemeinschaft ein. Nicht selten ist die Aufnahme in die Gemeinschaft mit einer Art Prüfung verbunden, und man erhält die Kleidung oder das Kraftobjekt der Gemeinschaft.

Beispiel: Ein Ritual, dass ich persönlich gerne vor Seminarbeginn durchführe, soll die Teilnehmer untereinander verbinden. Alle sitzen im Kreis, die Mitte des Kreises ist ausgestaltet (zum Beispiel mit Kerze oder Blumen). Nun geht jeder Teilnehmer in die eigene Mitte und verbindet sich aus der eigenen Mitte heraus mit der Mitte der Erde und der »Mitte des Himmels«. Lass beide Kräfte in dich fließen und nimm dich als Teil der großen Lebensgemeinschaft wahr. Nun geht jeder Teilnehmer aus seiner Mitte heraus und begibt sich gedanklich in die Mitte des Kreises, wo sich alle Teilnehmer zusammenfinden. Bleibe dann noch in der eigenen Mitte präsent und spüre dein Angebundensein an Kosmos, Erde und die Gemeinschaft.

Beispiel: Ein anderes Beispiel eines Gemeinschaftsrituals ist sehr schlicht. Jeder Teilnehmer hat eine Kerze in der Hand. Der erste entzündet, verbunden mit der eigenen Seelenmitte, das Licht, wendet sich dem nächsten im Kreis zu und entzündet mit der brennenden Kerze und verbunden mit der eigenen Seelenmitte die Kerze des nächsten, und so geht es weiter.

Zyklen

Bräuche bauen auf wiederkehrende Ereignisse auf. Und so gehören auch die zugehörigen Rituale mit zu jenen, die das soziale Leben verbinden und ordnen. Am bekanntesten an den kollektiven Zyklenritualen sind die Jahreskreisfeste. Ihr Sinn ist, die Verbindung zur Erde und zum Leben zu vertiefen und zu bekräftigen. Während im germanischen Kulturkreis die Hauptfeste Frühjahrstagundnachtgleiche, Sommersonnwende, Herbsttagundnachtgleiche und Wintersonnwende stärker im Fokus standen und im Christentum umbesetzt und leicht zeitlich verschoben wurden in Ostern, Johanni,

Michaeli und Weihnachten, standen im keltischen Kulturkreis stärker die Zwischenfeste Beltane, Lughnasadh/Lammas, Samhain und Imbolc im Fokus. Zur Zeitqualität an sich kommen wir noch.

Im Jahreskreisfest wird das Umrunden der Sonne durch die Erde und daraus entstehende geozentrische Sonnenstände – meist Sonnenauf- oder -untergänge – zur Grundlage des Rituals. Sehr vereinfacht ausgedrückt werden Frühling, Sommer, Herbst und Winter gefeiert. Dabei kommen die Grundqualitäten der jeweiligen Jahreszeit, beziehungsweise des astronomischen Ereignisses symbolisch in der Ritualhandlung zum Einsatz. Zum Sonnenhöchststand der Sommersonnwende werden zum Beispiel im Alpenraum große Feuerräder entfacht und den Berg hinabgerollt. Sie stehen für den nun beginnenden Abstieg der Sonne im Jahreskreis. Zur Wintersonnwende (Weihnachten) dagegen, in der dunkelsten Zeit, werden Lichter entzündet, weil nun der Aufstieg des Lichtes wieder beginnt. Im Schnitterfest Lughnasadh/Lammas steht die Ernte im Mittelpunkt, und zu Samhain (heute meist als Halloween bekannt) die Ehrung der Ahnen und Verstorbenen.

In meiner persönlichen Erfahrung bringt die rituelle Ehrung des jeweiligen Jahresfesttages insgesamt die Erde und ihre Zyklen ins Bewusstsein. Wir nähern uns dadurch Gaia als einer Bewusstseinskraft, die uns physisch, aber eben auch seelisch und geistig berührt. Da gegen Ende des Buches einige Ritualvorschläge für Jahreskreisfeste beschrieben werden und jeder zumindest die christlichen Varianten kennt, bedarf es hier, so denke ich, keiner weiteren Beispiele.

Tabelle 3: Rituelle Handlungen

Thema	*Rituelle Handlung (Beispiel!)*	*Lebenssituation*
Beginn	Die Kraft/den Impuls verorten	Firmengründung
	Grundstein vergraben/aufstellen	Hausbau
	6 Richtungen anrufen	Einzug
	Aufschreiben. Einmeißeln	Prozessbeginn
Schutz	Schutzkreis	Prozessbeginn
	Umschreiten	Bei Ängsten
	Handauflegen	Sensible Akte
	Schutzmantel	
	Weihwasser	
	Schutzgeister rufen	
Verbinden	Zwei Objekte (Personen) als	Hochzeit
	Stellvertreter mit Band verbinden	Beziehungen &
	Knoten	Versprechen
Übergang	Altes Verbrennen,	Krisenbeendigung
	Neues entstehen lassen	Lebensphasenwechsel
	Kleiderwechsel	Zustandsänderung
	Haare abschneiden	
	Schwellenritual	
	Neue Maske oder Kraftobjekt	
	erschaffen	
Reinigung	Baden	Befreiung von
	Abstreifen	Belastungen und
	Verbrennen	Krankheit
	Räuchern	Vorbereitung
	Fasten	
	Entzug	

Thema	*Rituelle Handlung (Beispiel!)*	*Lebenssituation*
Heilung	Siehe Übergang & Reinigung Anerkennen-Annehmen – Wandeln Alte Muster sterben lassen (Reinigung) Bildmagie Neue Kraft integrieren: z. B. Wasser trinken, Backen & essen	Krankheit Seelische Katharsis
Loslassen & Trennen	Sterbehütte Aufbauen & Zerstören: Verbrennen, Zerreißen, zerschneiden Danken & Verabschieden Klären Gegenteiliges vom Verbinden	Trennen von alten Situationen, Beziehungen und Mustern
Zyklen	Jahreskreisfeste	Verbindung zur Erde und zum Leben vertiefen und bekräftigen
Aufnahme (Gemeinschaft)	Kreis-Bildung Neuen Teil ins Gesamtbestehende einbauen: – Mosaiksteine – Muster zeichnen, weben – Wassertropfen in Gefäß – Flechten Kraftobjekt der Gruppe empfangen Initiationshandlung »Prüfung bestehen« Brot teilen	Aufnahme in eine Gemeinschaft Initiation und Schwellensituation mit Aufnahme in einen Gemeinschaftsteil

Die Initiation

Einen wesentlichen Ritualkomplex stellen Initiationsrituale dar. Sie stehen zwischen Schwellenritual, Reinigungsritual, Aufnahmeritual beziehungsweise sie enthalten diese. So möchte ich hier noch einmal etwas ausführlicher über die Initiation an sich sprechen.

Als Initiation wird meist eine spirituelle Initiation bezeichnet. Grundsätzlich ist damit aber jegliche Art der Einführung gemeint.

Der Begriff leitet sich ab vom lateinischen Initium, was Anfang, Eingang oder Ursprung bedeutet. Das zugehörige Verb initiare (beginnen) lässt sich zurückführen auf das Wort *īre*, was schlicht gehen bedeutet. In-*īre* wäre also das Hineingehen oder im übertragenen Sinn anfangen, beginnen. Zugleich kann *inīre* aber auch das Schüren eines Feuers meinen (*ignis inīre*). Bei der Initiation wird man also zum einen schlicht eingeführt oder im übertragenen Sinn das (Seelen-) Feuer entfacht. So bedeutet Initiation, die meist mit Einweihung eingedeutscht wird, den Übergang von einer Lebensstufe in eine andere.

Die Initiation wird stets von einem Ritual, dem Initiationsritual, begleitet. Grundsätzlich kennt jede Gemeinschaft solche Initiationsrituale, durch die ein Mensch in den Kreis einer Gemeinschaft aufgenommen wird. Manchmal ist damit auch die Weitergabe von sonst nicht zugänglichem Wissen verbunden, aber bei weitem nicht immer. Uns vertraute Initiationsrituale sind die Taufe (heute am Lebensbeginn zelebriert), die den Täufling (gefragt oder nicht) in die christliche Glaubensgemeinschaft aufnimmt; die Firmung oder Konfirmation (= Bekräftigung), die das Gemeinschaftsmitglied als vollwertig anerkennt und vieles mehr. Gerade die Initiationen in die Phasen der Lebensübergänge sind so grundlegend wesentlich, dass auch nichtreligiöse Gemeinschaften solche Riten vollziehen. Man denke an die Jugendweihe in der DDR. Ethnologisch wird daher unter der Initiation eine Art Reifefeier verstanden.

Im eher spirituellen Sinne kommt die Initiation als »Entfachung des Seelenfeuers« der Einführung in einen neuen Seinszustand gleich.

Diese entspricht symbolisch-rituell einer Wiedergeburt. So werden junge Männer höherer Hindukasten dem Upanayana unterzogen. Sie lässt den Initianten zum Dvijati werden, zum »Zweimalgeborenen«.

In Papua-Neuguinea ist mit der rituellen Wiedergeburt der zuvor erfahrene rituelle Tod verbunden. Dazu wird der Initiant in eine speziell errichtete Hütte geführt, deren Eingang dem offenen Rachen eines Meeresungeheuers (Barlun) gleicht. In Ceram (Indonesien) wird eine ähnliche Öffnung sogar als »Schlangenrachen« bezeichnet.

Auch bei Mysterienkulten gehörte der rituelle Tod und die Wiedergeburt zu spirituellen Initiationsritualen. Bei den Kybele- und Attiskulten des antiken Griechenlands wurde ein Stier über einem Gitter geschlachtet, sodass das Blut auf die Initianten in der Grube darunter floss. Die Initianten entstiegen der Grube wie aus der Gebärmutter der Erde, mit Blut beschmiert wie ein Neugeborenes.

Auch in Mysteriengemeinschaften wie der Freimaurerei gehört der rituelle Tod und die Wiedergeburt zum spirituellen Initiationsritus.

Abb. 6: Freimaurer-Initiationsritus. Kandidat wird in die Loge eingeführt. (England, frühes 19. Jh.)

Die Initiation führt also in eine Gemeinschaft oder ein Wissen ein. Sie bezieht sich immer auf die jeweilige Gruppe oder das jeweilige Wissen. Wer initiieren darf, ist abhängig von den Regeln der jeweiligen Gemeinschaft. Insofern ist es völlig absurd zu behaupten, jemand dürfe eine Initiation nicht vollziehen, weil dies in einer *anderen*

Gemeinschaft so oder so geregelt ist. Dies entspräche der Aussage, ein christlicher Priester dürfe Mädchen nicht die Erstkommunion erteilen, weil beim Volk der Guajajara Tenetehara (Brasilien) die Initiation eines Mädchens nur von einer weiblichen älteren Familienangehörigen (in der Regel die Großmutter) vollzogen werden darf. Ebenso absurd sind daher Aussagen wie »ein Schamane muss von einem Schamanen initiiert werden«. Sicher gibt es Beispiele für ein solches Vorgehen, es gibt aber auch die Tradition, dass der Initiant unmittelbar von den Geistern des Landes initiiert wird. Beim Aborigine-Volk der Aranda kann die schamanische Initiation sowohl unmittelbar durch die Geister als auch durch einen Schamanen erfolgen. Oft handelt es sich in unserer Kultur eher um (manchmal romantisierte) Glaubensvorstellungen, wie eine Initiation sein sollte, als um wahrhaftiges Wissen, denn der exakte Inhalt und Ablauf der Initiation, des Initiationsritus und des eventuell übermittelten Wissens ist Teil der jeweiligen Gemeinschaft und deshalb außerhalb derselben in der Regel nicht bekannt.

Strenggenommen handelt es sich bei Initiationen auch um einen Seelenvertrag. Man sollte sich daher einer Initiation niemals leichtfertig unterziehen. Umgekehrt darf dies hier nicht als Warnung davor missverstanden werden! Die Initiation ist eine Schwelle, und man sollte das Für und Wider vor dem Schritt abgewogen haben, nicht nur auf der Verstandesebene, sondern gerade bei spirituellen Initiationen vor allem auch auf der Seelenebene: »Ist es das, was ich will, und nehme ich dafür die entsprechenden Regeln und Seelenverträge in Kauf?«

Wir brauchen Initiationen. Sie werden immer Bestandteil der menschlichen Kultur sein, da zum Leben stets die Veränderung und damit innere Schwellen gehören, die überschritten werden wollen. Diese werden durch den Initiationsritus bewusst vollzogen und erhalten dadurch Kraft und Unterstützung. Initiierende Mentoren können eine große Hilfe sein, sind aber nicht zwingende Voraussetzung. Manchmal wird dem Menschen in seinem Initiationsprozess auch einfach ein bestimmter ritueller Ablauf mit auf den Weg gegeben, und der Initiant vollzieht die Initiation an sich selbst. Die verwendeten Symbole sollten zu dir passen, sich »richtig« anfühlen. Natürlich darf man die Riten deshalb hinterfragen: Ist es sinnvoll, Babys in einen Glauben zu initiieren? Bedarf es tatsächlich des Schmerzes (der ohne Frage ein starker Initiationsattraktor ist) für »mein« Initiationsritual? Darf anderen Wesen für die eigene Initiation Leid zugefügt werden (zum Beispiel das Schlachten eines Tieres)? All dies sind Fragen, die der Initiant letztlich für sich selbst beantworten muss und denen er sich ohne Zweifel vor der Initiation stellen sollte. Das vollbewusste spirituelle Initiationsritual kommt tatsächlich einer seelischen Wiedergeburt und damit inneren Wandlung gleich. Äußere Zeichen (bestimmte Kleidung, die getragen werden darf, Mitbestimmung in der Gemeinschaft, die Gemeinschaftserlaubnis, bestimmte Handlungen vollziehen zu dürfen und dergleichen) sind letztlich angesichts dieser inneren Wandlung sekundär.

Ich selbst habe mehrere Initiationen zu Aspekten Gaias physisch mit angeleitet. Durchführende Kräfte waren letztlich Spirits wie Naturwesen, Ahnen, Engel, Drachen oder Gaia selbst. Aus diesen Prozessen weiß ich, dass sie das Leben des Initianten tatsächlich dramatisch verändern können, weil er sich durch die Initiation in einer »anderen Welt« wiederfindet. Sicherlich ist äußerlich-physisch alles beim alten geblieben, aber das seelische Wirken der Teilnehmerinnen und Teilnehmer, also wie sie die Welt wahrnehmen und wie diese mit ihnen spricht, hat sich sehr häufig grundlegend verändert. Insofern sind sie durch die Initiation ein anderer geworden.

Mitwirkung in Ritualen

Leider herrscht in breiten Bevölkerungskreisen nur ein sehr geringes Verständnis für den Aufbau, die Vorgangs- und die Wirkweise von Ritualen. Daher möchte ich an dieser Stelle einmal – zunächst recht provokativ erscheinende – Thesen zu Ritualabläufen formulieren und erklären. Ich hoffe, damit das Verständnis für Rituale weiterzuverbreiten und zu vertiefen. Egal wie das Ritual im einzelnen aufgebaut ist und welche Symbole, Gesten und Handlungen es nutzt, bestimmte Grundprinzipien gelten für jedes Ritual.

Sei dabei oder nicht

Die Beteiligung an einem Ritual ist eine Schwelle. Entscheide dich *vor* dem Ritual, ob du dabeisein willst oder nicht. Es ist für mich Pflicht und Aufgabe des Ritualleiters oder der -leiterin vor dem Ritual die Teilnehmer über den Zweck und den grundlegenden Ritualablauf aufzuklären. Wenn dies geschehen ist, kannst du dich entscheiden, dich am Ritual zu beteiligen – oder es nicht zu tun. Die Entscheidung für die Ritualteilnahme beinhaltet automatisch alle weiteren Regeln. Wenn es für dich notwendig ist, frage den Ritualleiter vor dem Ritual über bestimmte Abläufe und Ziele. Während des Rituals kommst du damit zu spät. Werde dir also stets vor dem Ritual – wie müßig es dir auch erscheinen mag – bewusst, ob du der Ritualleitung vertraust und ob du die Ziele und den Ablauf des Rituals mittragen kannst. Ein Aussteigen während eines laufenden Rituals hinterlässt in der Gemeinschaft stets eine energetische Lücke und kann unter Umständen auch für dich unangenehme Konsequenzen haben, weil Prozesse nicht zum Abschluss gebracht wurden und du den geschützten Raum möglicherweise energetisch geöffnet verlässt.

Es gibt kein Versuchen

»Ich versuchs mal«, ist Halbherzigkeit. Sie raubt dem Ritual für dich, ja, für die ganze Gemeinschaft, Kraft, die durch andere ausgeglichen werden muss. Wenn du dich zur Teilnahme an einem Ritual entschieden hast, solltest du mit ganzem Herzen und ganzer Kraft dabei sein. »Ich versuch's mal«, lässt dir Schlupflöcher für den Misserfolg, den du dann prima auf irgendwelche äußeren Ereignisse oder Personen schieben kannst. Im Ritual gibt es kein Versuchen. Tu es oder tu es nicht. Da du dich (siehe erster Punkt) für das Ritual entschieden hast, gibt es eigentlich nur noch: »Ich tue es!«

Das Wort des Ritualleiters ist Gesetz

Die Ritualleiterin oder der Ritualleiter hat aus seiner Erfahrung heraus das Ritual zusammengestellt. Daher ist es wichtig, den Anweisungen mit voller Aufmerksamkeit zuzuhören und sie zu befolgen. Eine Abweichung vom Ritualablauf kann im besten Fall dazu führen, dass es für dich an Kraft verliert, im schlimmsten, dass du in irgendeiner Form Schaden nimmst. Das kann (je nach Ritual) von Unwohlsein bis zu körperlichen Verletzungen (zum Beispiel bei einem Feuerlauf) gehen. Für mich sind anfängliche Fragen (siehe Punkt 1) völlig in Ordnung. Nach der Entscheidung aber ist das Wort der Ritualleitung »göttliches Gesetz«. Wenn man als Leiter hier anfängt, das Für und Wider von Entscheidungen und Abläufen zu erklären, so verliert das Ritual an Kraft und zerfasert. Die Energie wird in reine Verstandesprozesse geleitet. Wenn du so handelst und während des laufenden Rituals anfängst nach dem »Warum« zu fragen oder Anweisungen zu hinterfragen, so stellt dies im Grunde für die ganze Gruppe einen energetischen Missbrauch dar, da die Kraft geraubt und umgeleitet wird (siehe unten).

Ein Ritual ist keine Demokratie

Dies ist eigentlich nur noch eine Vertiefung der vorausgegangenen Regel. Natürlich können Rituale in Kleingruppen gemeinsam gestaltet werden. Sie können auch so aufgebaut sein, dass individuelle Freiräume zur Ausübung bestehen (»Gehe in den Wald und finde *deinen* persönlichen Kraftgegenstand, *dein* Symbol des Dankes« und so weiter) oder spontane Abänderungen zugelassen sind, aber diese Möglichkeit ist dann bereits fester Bestandteil des Ritualgesamtrahmens. Besteht diese Möglichkeit nicht, diskutiert man sie nicht!

Jede eigenmächtige Änderung stellt einen Missbrauch dar

Du magst es gut meinen, es kann bewusst oder unbewusst geschehen, aber jede eigenmächtige Abänderung des Rituals kann einen groben Missbrauch darstellen. Es erscheint dir vielleicht ethisch zu sein, die Änderung vorzunehmen, aber jede Änderung nutzt die aufgebaute Gesamtenergie der Gruppe für eigene Ziele – und das ist Missbrauch! Wenn zum Beispiel die klare Anweisung besteht, eine Kerze für die Heilung eines bestimmten Menschen zu entzünden, und du entzündest deine Kerze auch für die Heilung einer anderen Person, dann mag die Absicht an sich ethisch vollkommen in Ordnung sein, doch dies – obgleich du dich für *dieses* Ritual entschieden hast – so zu zelebrieren, leitet die beabsichtigte Energie um. Die Teilnehmenden werden ausgenutzt für Zwecke, die dir gerade passend erscheinen. So gut gemeint dies von dir auch ist – es ist Missbrauch. Kläre also im Vorfeld ab, ob ein solches Handeln in Ordnung ist.

Mit einer Störung oder gar Zerstörung eines Rituals öffnest du anderen Kräften die Tore

Ganz gleich, wie du ein Ritual störst – durch plötzliches Infragestellen von Anweisungen, durch ein Umleiten der Kraft in den Verstand oder das Zuleiten auf andere Ziele oder gar durch die lautstarke Störung des rituellen Rahmens – das Ritual kann im schlimmsten Falle unvollendet bleiben. Ein unvollendetes Ritual ist wie ein Körper ohne Haut, wie ein Baum ohne Borke, der schutzlos allen Bakterien und Viren und Wind und Wetter, also der Kraft der Elemente, ausgesetzt ist. Andere Kräfte können das bis dahin angesammelte Potential nutzen.

Bemerkt der Ritualleiter, dass ein Ritual – aus welchen Gründen auch immer – in die falsche Richtung läuft, sollte er oder sie eine Form finden, das Ritual zu einem vorzeitigen Abschluss zu bringen. Als Teilnehmer kann und darf ein gemeinschaftliches Ritual nur unter den dringlichsten Gründen gestört werden (zum Beispiel bei Gefahr für Leib und Leben eines der Teilnehmenden oder plötzliche dringlichste ethische Bedenken, die vorher nicht ersichtlich waren). Aber auch dann muss man die Folgen der Störung tragen und dafür einstehen.

Rituale anderer verdienen Achtung und Respekt

Aus diesen Gründen verdienen auch die Rituale anderer Achtung und Respekt. Gerade wenn man nicht involviert ist, die Zielsetzung nicht kennt und über die genutzten Symbole nicht Bescheid weiß, kann es sehr schnell zu Missverständnissen kommen. Handlungen können vollständig anders bei dir ankommen, als sie im Ritual gemeint und eingebunden sind. Halte dich daher, insbesondere wenn du zufällig in ein Ritual (zum Beispiel in der Natur) »hineingerätst«, zurück und störe den Ablauf nicht. Du kannst, wenn es dir wichtig ist, im

Anschluss die Ritualleitung fragen, was es mit dem Ritual auf sich hatte. Ganz gleich, ob du die zelebrierende Gemeinschaft magst oder nicht, ob sie also Christen, Schamanen, Wicca oder was auch immer sind, es gilt auch hier, was oben gesagt wurde: Ein Einschreiten und Unterbrechen aus ethischen Motiven musst du immer aus deinem Herzen heraus entscheiden – doch bewahrt dich das nicht vor Konsequenzen. Wundere dich also nicht, wenn die Ritualleitung energisch reagiert (dich ignoriert, dich des Raumes oder Platzes verweist oder Ähnliches)!

All dies mag in vielen Fällen nicht so heiß gegessen wie gekocht werden, schließlich kommt es immer auf das Ritual an, das gerade zelebriert wird. Natürlich solltest du immer der Ethik deines Herzens folgen, aber vielleicht helfen dir diese Regeln, Fehler zu vermeiden. Vereinfacht gibt es drei Regeln:

- Sei zurückhaltend, achtsam und respektvoll.
- Folge der Ethik deines Herzens.
- Ändere die erste Regel ausschließlich, wenn es die zweite gebietet.

Das Räuchern

Der Rauch als spirituelles Werkzeug reicht weit zurück in die Vorzeit und ist in nahezu allen Kulturen auf der Welt auf die eine oder andere Art vertreten. Auch das Christentum konnte sich der Kraft des Räucherns nicht entziehen. Das Räuchern ist vor allem in eher schamanischen Ritualen als Handlung praktisch allgegenwärtig. Der Einsatz von Räucherwerk hat viele Motive: Desinfektion, Einatmen psychoaktiver Substanzen, ätherische Reinigung und Vorbereitung sowie der Aufbau einer Brücke in die Andere Wirklichkeit mit Hilfe des Geistes der verräucherten Pflanze, und dies sind nur einige der Gründe, warum geräuchert wird.

Der letzte angesprochene Grund des Räucherns erscheint mir persönlich besonders interessant: Mit Hilfe des Rauches ausgewählter

Harze und getrockneter Pflanzenteile, die gleichsam den Geist einer Pflanze in sich tragen, diesen »anrufen« und in das Räucherritual mit einbinden, wird eine Art Portal in die **N**icht **A**lltägliche Wirklichkeit, die Anderswelt, das Jenseits oder die Paradieswelt geöffnet. Ganz gleich, wie die »andere Seite« benannt wird, der Rauch dient als Türöffner und Brückenschlag, der die Verbindung aufbaut und hält.

Es lohnt sich also, sich mit der inneren Qualität der Pflanzen zu beschäftigen, die die getrockneten Pflanzenteile oder das Harz für die Räucherung liefern. Dies bedürfte des Umfangs wegen eines eigenen Buches. An dieser Stelle möchte ich daher nur einige – sehr wenige – Räucherpflanzen und ihre mögliche Verwendung im Ritual benennen.

Bernstein

Bernstein ist ein fossiles Harz, das vor bis zu 300 Millionen Jahren entstand. Da Bernstein brennbar ist, leitet sich sein Name vermutlich von »Brennstein« (mhd. »Börnsteen«) ab. Bernstein wird in der Regel der Sonne zugeordnet und besitzt eine sehr lichte Qualität. Seine Nutzung als Räucherwerk eignet sich daher besonders für Sonnenrituale (zum Beispiel zur Wintersonnwende) sowie dafür, Licht in einen Raum zu bringen.

Drachenblut

Drachenblut wird aus dem Harz der Drachenbäume (*Daemonorops draco*) gewonnen. Ich nutze es auch wegen seiner optischen Wirkung, denn der Rauch ist rot und bildet eine kraftvolle visuelle Komponente, die das Blut in deinem Ritual unterstützen oder ersetzen kann. Insbesondere um die Drachenkraft, die Urkraft der Erde, zu rufen, ist Drachenblut wunderbar geeignet.

Lavendel

Lavendel ist eine sehr luftbezogene Pflanze, die den Luftäther aktiviert und reinigt. Die Nutzung von Lavendel als Räucherwerk kann daher in Ritualen zum Element Luft wunderbar einbezogen werden.

Myrrhe

Schon die »drei heiligen Könige« brachten neben Gold und Weihrauch auch Myrrhe als Geschenk. Die Pflanze ist ein uraltes Heilmittel. Wenn es im Ritual darum geht, Körper, Geist und Seele zu heilen, kann Myrrhe gut als Räucherwerk genutzt werden.

Palo Santo

Palo Santo ist heiliges Holz, das vor allem in Mittel- und Südamerika gerne Anwendung findet. Sein Rauch befreit allgemein von »negativen Energien« und kann das eigentliche Ritual gut vorbereiten und begleiten. Leider wird in Lateinamerika wegen des »westlichen Marktes« viel Raubbau an den Bäumen betrieben. Man sollte also darauf achten, nur »zertifiziertes« Holz zu verwenden, das ausschließlich von Bäumen entnommen wird, die von alleine gefallen sind.

Salbei

Ganz gleich, ob als Weißer Salbei oder als Gartensalbei: Salbei lässt sich gut zu »Sticks« bündeln und trocknen. Als solcher braucht er dann keine Räucherkohle (siehe unten), und ich nutze ihn alleine schon deshalb sehr gerne bei geomantischen Ritualen im Freien. Salbei hat eine reinigende und schützende Wirkung. Als Auraräucherung in Vorbereitung für eine Trancearbeit kann ich Salbei daher gut empfehlen.

Tannenharz

Tannen galten im germanischen Raum als *axis mundi*, als Weltenachse und Verbindung zur Götterwelt. Der Rauch unterstützt die Erneuerung der Lebenskraft und kann natürlich zur Weihnachtszeit und Wintersonnenwende wunderbar genutzt werden.

Wacholder

Der Wacholder gilt als einer der ältesten Räucherstoffe, die von Menschen rituell genutzt wurden. Er besitzt eine Beziehung zu den Ahnen und dem Jenseits. Seine Nutzung in der Räucherung eignet sich daher vor allem für Ahnenrituale, zum Beispiel um Samhain herum (Halloween, Allerheiligen).

Weihrauch
Weihrauch trägt es schon im Namen: Sein Rauch ist heilig und eignet sich dazu, Räume, Gegenstände und Personen zu weihen und zu segnen. Die Weihrauchsorte Olibanum war im alten Ägypten dem Sonnengott Amun geweiht, Weihrauch hat also solare Qualitäten.

Wie gesagt, es gäbe noch dutzende weiterer wunderbarer Räuchersubstanzen. Deine Auswahl sollte wiederum nicht nur nach Liste getroffen werden, sondern von deinem Gefühl geleitet sein. Welcher Pflanzengeist ruft dich und spricht zu dir? Welcher möchte dich unterstützen?

Wenn du noch nie geräuchert hast
Grundsätzlich gibt es drei Arten, das Räucherwerk zum Brennen zu bringen und Rauch damit zu erzeugen. Dabei ist »Brennen« nicht ganz wörtlich gemeint, vielmehr wird das Räucherwerk stark erhitzt und bisweilen zum Glühen gebracht, brennt aber nicht mit einer Flamme. Dies geht mit drei Methoden:

Es gibt kleine Stövchen, bei denen eine Art »Teesieb« über einem Teelicht befestigt wird. Meines Erachtens eignet sich diese Methode vorwiegend für die stationäre Nutzung, wenn du also das Stövchen vor dir still auf den Tisch oder den Boden stellst. Willst du damit umhergehen, wird die Flamme stark flackern, und im Freien ist diese Methode meines Ermessens eher ungeeignet, weil der Wind die Flamme oft ausbläst. Harze verflüssigen sich und tropfen auf die Kerzenflamme, was häufig zu kurzen Stichflammen führt. Also ist diese Methodik besser für Kräuter geeignet.

Die vermutlich häufigste Art ist es, selbstentzündende Räucherkohle zu verwenden. Diese wird mit einer Flamme entzündet und leitet durch Mikro-Zündexplosionen die Hitze weiter durch die ganze Kohle. Die Kohle wird in eine feuerfeste Schale gelegt (die meist mit Sand befüllt ist). Ist die Kohle gut durchgeglüht und heiß, kannst du trockene Pflanzenteile und Harze darauflegen, sodass sich der Rauch bildet.

Diese Methode eignet sich auch im Freien. Einmal entzündet, ist die Räucherkohle für Wind unempfindlich. Im Gegenteil, die Luftzufuhr lässt die Kohle aufglühen. Achte aber in der freien Natur darauf, die noch heiße Kohle nach dem Ritual mit Wasser abzulöschen und vergrabe sie am besten, damit es zu keinem Feuer kommt.

Die dritte Methode nutze ich persönlich am liebsten, weil ich meist draußen arbeite. Hierzu werden Pflanzen mit Stiel und Blättern zu Bündeln (»Sticks«) gebunden und getrocknet. Um sie zu entzünden, hält man den Stick an eine Flamme und entzündet ihn kurz, bläst die Flamme dann aus und entfacht die Glut durch Anblasen weiter. Man braucht also keine Räucherkohle. Ist der Pflanzenstick entzündet, ist er relativ unempfindlich gegen Wind und sogar Regen. Allerdings ist diese Methode eben nicht für jedes Räucherwerk geeignet. Harze, Beeren (zum Beispiel Wacholderbeeren) und dergleichen scheiden aus. Salbei kann man auf diese Art gut verräuchern, aber auch Wacholder, Lavendel und anderes.

Die Rauchbewegung im Ritual

Im Deckengemälde des Freisinger Doms wird Räucherwerk in einer großen Muschel verbrannt. Der aufsteigende Rauch verbindet die Alltagswirklichkeit mit dem göttlichen Raum (symbolisiert durch das strahlende Dreieck). Der Rauch steigt steil in die Höhe. Diese Rauchbewegung wurde in vielen Kulturen als ein zustimmendes Zeichen verstanden, dass das Opfer angenommen ist und die »Brücke steht«.

Doch auch andere Rauchbewegungen können in die Deutung der Wirksamkeit eines Rituals einbezogen werden. Ich persönlich zum Beispiel beobachte die Rauchbewegung bei der Anrufung der Himmelsrichtungen und ihrer Spirits sehr genau. Wenn nicht gerade ein stärkerer Wind weht (beziehungsweise in Innenräumen), zeigt die Rauchbewegung sehr deutlich, ob der Rauch eine Brücke in die Himmelsrichtung aufbaut oder nicht. Doch selbst bei Windbewegungen habe ich schon erlebt, dass ein zunächst »zurückgeworfener« Rauch, der also nicht in die angerufene Himmelsrichtung ziehen wollte, nach

Abb. 7: Deckengemälde im Freisinger Dom

Rauch aus Räucherwerk steigt zum Himmel auf und verbindet sich mit der Dreifaltigkeit (C.D. Asam 1723–1724)

kurzem Verweilen und Bitten um den Kontakt von der Kraft der Richtung angenommen wurde, der Wind sich kurzfristig drehte und den Rauch so in die umworbene Richtung trug.

Bei der Kontaktaufnahme mit dem Oben und dem Unten, dem Himmel und der Erde, finde ich es immer wieder faszinierend zu beobachten, wie bei der Anrufung der Erde der Rauch nach unten gedrückt, bei der Himmelsevokation aber kurz darauf emporgezogen wird.

Allgemein deute ich die Rauchbewegung als eine »Bejahung« der Bitte um Kontakt, wenn der Rauch sich in die entsprechende Richtung bewegt.

Abb. 8: Rauchbewegung im Ritual
Links: Rauch bewegt sich horizontal in eine Himmelsrichtung, rechts: Rauch steigt senkrecht nach oben.

Reinigungsräucherung

Auch bei der Räucherung zu Reinigungszwecken beobachte ich die Rauchbewegung sehr genau. Lässt man den Rauch im auratischen Feld des »Klienten« an der Körperaußenseite nach oben steigen, so scheint er blockierte Zonen zunächst zu meiden. Der Rauch strebt um die gestaute Körperzone herum (zum Beispiel, weil dort noch eine Anhaftung ist). Bleibt man geistig in diesem Körperbereich, so löst sich die Blockade meist langsam, was man beobachten kann, weil der aufstrebende Rauch nun frei über die entsprechende Körperstelle hinwegfließt.

Vorbereitende Räucherung
Wird eine Person auf einen rituellen Akt vorbereitet, so ist für mich ein abschließendes Signal, wie sich der Rauch über dem Scheitelpunkt des Kopfes verhält. Ist der Kanal offen, so strebt der Rauch von hier gerade nach oben. Geschieht dies noch nicht, so kann ein Entlangfahren mit der Feder entlang der Achse Kopf-Himmel den Kanal öffnen, was sich wiederum darin zeigt, dass der Rauch anschließend gerade nach oben steigt.

So wird die Rauchbewegung im Ritual zu einem wichtigen Werkzeug der Wahrnehmung und Überprüfung und hilft, die Verbindung in die andere Wirklichkeit zu optimieren.

Worte

Worte sind unglaublich mächtig. Sie können verletzen und aufrichten. Viel stärker als zum Beispiel eine Geste werden Worte durch unsere inneren Bewusstseinsfilter interpretiert. Sie können daher einem Ritual Macht verleihen oder es deckeln, wenn ein missverständliches Wort von den Teilnehmenden mit einer anderen Konnotation belegt ist. Da mag schon das Wort »Ahne« den einen dazu verführen, ängstlich zusammenzuzucken, während ein anderer darin eine »nationalsozialistische Ahnenverkultung« zu erkennen meint.

Der Name Gottes und die Macht des Wortes

»Im Anfang war das Wort, und das Wort war bei Gott, und Gott war das Wort. Dasselbe war im Anfang bei Gott. Alle Dinge sind durch dasselbe gemacht, und ohne dasselbe ist nichts gemacht, was gemacht ist.« (Johannes 1,1-4) So beginnt das Johannesevangelium. Gott und das Wort werden gleichgesetzt.

Bei den Quiché-Maya (Guatemala) erschaffen Tepeu und Gucumatz mit ihren Worten die Welt: »›Es werde Licht! Dass Himmel und

Erde sich erhellen!‹ … So sprachen sie. Darauf schufen sie die Erde. [...] ›Erde!‹ sagten sie, und im Augenblick war sie geschaffen.« Im finnischen Schöpfungsmythos erschafft Luonnatar die Welt: »Ihre Stimme hallte über das weite Meer, da wuchsen aus ihren Worten weiße Federn und Flügel.«

In der hebräischen Kabbala besitzt jeder Lautwert einen Aspekt der Wirklichkeit. Indem das Wort ausgesprochen wird, wird seine Kraft gegenwärtig. »Ich habe dich bei deinem Namen gerufen; du bist mein!« (Jesaja 43,1) spricht der Gott der Israeliten zu Jakob. Daher wurde der Name Gottes in der Regel im Judentum nicht ausgesprochen. Dort, wo in der Tora das Wort »JHWH« (Jahweh) stand, wurde beim lauten Lesen des Textes der Name durch »Adonai« (Herr) ersetzt. Lediglich am Jom Kippur (Versöhnungstag) sprach der Hohepriester den Gottesnamen aus, wobei lauter Gesang dies akustisch übertönte. Als im Jahr 70 der Tempel in Jerusalem zerstört wurde, endete diese Praxis, sodass die Aussprache tatsächlich in Vergessenheit geriet und erst im 19. Jahrhundert rekonstruiert wurde. »Missbrauche nicht den Namen JHWHs, deines Gottes«, ermahnt das Gebot Ex. 20,7.

Bernardus Dirks Eerdmans ging davon aus, dass der Name auf die zweisilbige Kurzform JH *Ja-hu* zurückging, die Blitz und Donner anrief. Dementsprechend wäre der »Urgott« der Hebräer ein von den Midianitern und Kenitern verehrter Berg- und Wettergott gewesen, der durch das Wort angerufen wurde.

Ganz ähnliche Traditionen besitzt die Ursprache Sanskrit. Auch hier bewirkt die Aussprache des Namens eines jeden Gottes das Gegenwärtigsein eben dieser Kraft und des Bewusstseins. Name und Gott sind identisch. Die Manifestation der gesamten sicht- und unsichtbaren Welt wird durch die heilige Silbe AUM (OM) bewirkt.

Da Name und Benanntes wesensidentisch sind – in der Sprache der Guarani (Brasilien) bedeutet *ñe'ẽ* sowohl »Wort« als auch »Seele« – , ist es in der magischen Tradition Brauch, seinen Namen geheimzuhalten und sich einen »Scheinnamen« zuzulegen, über den böswillige Magier keinen Zugang zur Kraft erhalten. Umgekehrt strebt man danach, den »wahren Namen« seines Selbst zu erfahren. Im Hinduismus und Buddhismus erhält man durch eine Initiation seinen spirituellen

Namen, der den spirituellen Lebensweg aufzeigen und bereiten soll. Aus einer ähnlichen Tradition heraus, erhalten auch christliche Novizen beim Klostereintritt einen neuen Namen. Allerdings wird dieser aus der christlichen Tradition gewählt und nicht neu offenbart. »Man ruft dich mit einem neuen Namen, den der Mund des Herrn für dich bestimmt.« (Jesaja 62, 2-4) Der neue Name kommt damit einer Neugeburt gleich. Ganz ähnlich erhielten früher Könige beim Amtsantritt einen neuen Herrschernamen. Mit der Annahme eines neuen Namens wird die Kraft dieses Wortes auf die Person übertragen.

Nicht nur beim Namen wurde und wird die Kraft des Wortes eingesetzt. Sie ist fester Bestandteil der Wortmagie. Die (laute) Rezitation eines Wortes oder magischen Gesangs, beziehungsweise eines »Zauberspruchs« bewirkt durch seine Wesensidentität die Veränderung einer höheren Wirklichkeit und schließlich der physischen Realität. Als besonders mächtig galten sogenannte »Ursprachen« wie Hebräisch oder Sanskrit, später dann auch Latein (obgleich dieses nicht zu den Ursprachen gerechnet wird). Dies ist der Grund, warum die Zaubersprüche bei Harry Potter – »Occolus reparo!« (lat. *oculus* = Auge, *reparo* = wiederherstellen; der erste im Film bewusst ausgesprochene funktionierende Zauber) – (pseudo-)lateinisch sind. Vermutlich leitet sich auch der Wald-und-Wiesen-Zauber »Hokus Pokus Fidibus« aus der christlichen Liturgie ab. Es soll einer Theorie folgend auf die Verballhornung von »Hoc est enim corpus meum« (dies ist mein Leib) in der Transsubstantion der Eucharistie hervorgegangen und im 17. Jahrhundert in die Zauberformel »hocus pocus filiocus« gewandelt worden sein.

Das Wort hat Wirkung bis in die unmittelbare Physis hinein. Nach einer internen Studie der Hautklinik am St. Josef-Hospital in Bochum wirkt das Besprechen von Warzen besser als die schulmedizinischen Methoden. Mit »Warze alt. Warze kalt. Warze ab«, behandelt der Leiter der Klinik für Psychosomatik und Psychotherapie an der Justus-Liebig-Universität Gießen seine Patienten mit vulgären Warzen an Händen und Füßen. Nach einer Studie an der Universitäts-Hautklinik in Marburg wirkte das Wort vor allem bei Kindern. Bei 90 % der Kinder verschwanden Warzen allein aufgrund des gesprochenen Wortes.

Das Wort hat auf unsere Emotionen, unser Denken und vor allem auf das Unbewusste eine gewaltige Kraft!

Im Alltag haben Worte eine enorme Macht, die sich aber auch ins Gegenteil wenden kann. Die Deutungshoheit einer Weltsicht wird wesentlich von Worten und Namensneugebungen untermauert. So wurde der Begriff »Islamismus« gezielt in US-amerikanischen Thinktanks kreiert und seit den 1970er Jahren in der Öffentlichkeit vermehrt zum Einsatz gebracht. Mit der festen Verbindung eines – oft neu geschaffenen – Wortes mit einer bestimmten Weltsicht wird das Denken und schließlich das Handeln gelenkt. In der Politik entstehen Begriffe nicht einfach so. Unabhängig vom politischen Lager werden Begriffe gezielt gewählt und kontinuierlich genutzt, um so eine bestimmte Art des Denkens zu induzieren. »Gutmensch«, »Wutbürger«, »Frühsexualisierung«, »Achse des Bösen« und viele andere sind weitere Beispiele der in den letzten Jahren gezielt gestreuten Wortgewalt. Im Falle des Wortes »Asyltourismus« wird offenbar, wie sich das Wort auch gegen den Anwender wenden kann. Nach Nutzung durch zum Beispiel Markus Söder und Horst Seehofer kamen so viele Proteste, dass die Umfragewerte deutlich nach unten gingen und schon nach wenigen Tagen Markus Söder zusagte, das Wort nicht mehr zu nutzen. Unabhängig vom politischen Lager sind politische Schlagworte letztlich Wortmagie, die ein bestimmtes Denken und Handeln induzieren sollen. Dem kann man sich nur schwer entziehen. Mit einem solchen Wort belegt, gerät man automatisch in einen Handlungszwang. Besitzt man keinen »Gegenzauber«, also einen Gegenbegriff, ist man gezwungen, langatmig zu argumentieren. Das Problem: Argumentationen wirken auf der Verstandesebene, »Wortmagie« unterhalb der Verstandesschwelle. Und so werden »Gutmensch« und »Nazi« hin und her geschleudert. Eine bewusste Auseinandersetzung mit der Problematik geschieht auf keiner Seite mehr.

Doch Worte können auch heilend sein. Nana Nauwald schreibt in »Mein Wort ist mächtig«: »Das Wort, angewendet in einem geistigen Kontext und aus der Verbindung mit dem geistigen Feld heraus, kann zur Wortmedizin werden, wenn es in eine innere Berührung führt. In vielen Heilkulturen ist es verankertes Wissen, dass die magischen

Worte in die Hände fließen und durch deren Bewegungen (Zaubergebärde) sowie Berührung der Hilfesuchenden heilsam wirken.« (S. 21)

Worte verletzen, Worte motivieren, Worte unterdrücken, Worte heilen. Mit Worten wird Wirklichkeit erschaffen.

Leichtfertige Öffnung für Fremdeinflüsse durch das Wort

Wenn wir spirituell arbeiten, setzt dies Vertrauen voraus. Wenn jemand Heilarbeit an uns leistet, bedarf es unserer Öffnung. Eine Initiation öffnet uns für andere Wesen und Kräfte. All dies erfordert Vertrauen – und einen geschützten Rahmen!

Um so mehr entsetzt es mich manchmal, wie leichtfertig Menschen anderen nachplappern, sich schutzlos energetisch und sogar geistig-seelisch der Öffentlichkeit preisgeben.

In einer öffentlichen (also jedem zugänglichen) Gruppe in einem sozialen Netzwerk postete jemand diesen Beitrag: »Heute ist Erzengel Uriel, der Engel der göttlichen Ordnung bei dir. Er bringt dich in die reine Kraft der Magie in dir.« Der Folgesatz forderte den Leser auf, sich durch ein »Bekenntnis« der Magie zu öffnen. Der Beitrag wurde mit dutzenden Likes und Kommentaren beantwortet.

Was ist daran problematisch? Nun, das Nachkommen der Aufforderung mit dem Satz zu kommentieren »Ich öffne mich...«, öffnet für den Zeichner in der Tat ein energetisches Portal. Dies kommt einem Seelenvertrag gleich. Der Bestätigungssatz ist aber nicht an die Erstaussage gebunden »Heute ist Erzengel Uriel, der Engel der göttlichen Ordnung bei dir. Er bringt dich in die reine Kraft der Magie in dir.« Die Öffnung erfolgt ohne Einschränkung einfach »der Magie« gegenüber. Kein Filter für bestimmte Wesen, kein Filter für bestimmte Kräfte, eine ungehemmte Öffnung der Seele.

Nun möchte ich der Urheberin des Posts noch nicht einmal unlautere Absichten unterstellen. Sie mag es gut meinen. Jedoch sind die »Zeichner« mit Bild und Namen erkennbar. Selbst, wenn die Namen fiktiver Natur sein sollten, wird eine Resonanzbasis geschaffen, die aller Welt (der Beitrag ist wie gesagt öffentlich einsehbar) Zugang zu dieser Seelenöffnung gewährt. Jeder, der es will, kann über die Bild-

Namens-Brücke seine eigene Art und Form der Magie zu dieser Person fließen lassen.

Ja, Heilungen, Einweihungen, rituelle Handlungen bedürfen der Öffnung. Diese sollte aber stets in einem geschützten Rahmen erfolgen und nicht auf öffentlicher Ebene oder gar gegenüber einem Millionenpublikum wie bei Facebook.

Diese Handlungen zeigen, dass weder bei der Urheberin und schon gar nicht bei den sich Hilfe erhoffenden Kommentatoren auch nur das kleinste Fünkchen Verständnis für die Mechanismen magisch-rituellen Wirkens vorhanden sind.

Bitte achtet in den sozialen Netzwerken nicht nur auf die Preisgabe sehr persönlicher »physischer« Informationen, sondern um so mehr auf jene, die einen energetischen, seelischen oder geistigen Zugang zu euch gewähren.

Wir brauchen Vertrauen, aber wir brauchen dafür auch stets einen behütenden Rahmen.

Die Nutzung des Wortes im Ritual

Eingedenk dieser einschränkenden Vor-Worte können Worte als mächtige Träger der Kraft in einem Ritual dienen. Was sollte man dabei beachten?

1. Deine Worte sollten klar, einfach und positiv sein. Vermeide Verneinungen und suche eine positive Formulierung. In einem Wetterritual rufst du also nicht aus: »Es regne nicht!« sondern »Die Sonne möge scheinen!« Bei manchen Sätzen ist dies tatsächlich schwer, so kennt die deutsche Sprache zwar für das negative »keinen Hunger« beziehungsweise »nicht hungrig« das positive »satt« oder »Sattheit«, aber wie sieht es mit Durst aus? Wir haben kein positives Wort, das die Abwesenheit von Durst zum Ausdruck bringt. Hier musst du kreativ werden. Und manchmal geht es halt nicht anders, als eine Art positiv formulierte Verneinung zu nutzen wie zum Beispiel »Freiheit von Durst«. Dennoch: Bemühe dich um positive Wortwahl.
2. Mit der geforderten Klarheit ist meist auch Kürze verbunden. Vermeide also lange Schachtelsätze und kürze, soweit es irgendwie geht.

3. Deine An- und Ausrufungen sollten im Ritual auffordernden Charakter haben, ohne in einem Befehlston zu enden. Es ist für mich eine Frage der ethischen Haltung, andere Wesen zu bitten und nicht zu befehligen. »Bitte komm!« oder ein im Tonfall angepasstes, nicht befehlendes, aber aufforderndes »Komm!« sind meines Ermessens sehr gut geeignet, die gewünschten Kräfte zu rufen.
4. Am einfachsten ist es, wenn du klar formulierst, was du gerade tust und wünschst: »Mit diesem Bande verbinde ich mich mit der Kraft der Erde!« wäre ein solcher die Handlung begleitender Satz.

Beispiel: Beim Aufbau einer rituellen Mitte wende ich mich mit Räucherwerk den Himmelsrichtungen zu und fächere mit der Feder Rauch in diese (bis er »angenommen« wird). Ich beginne in der Regel im Osten und bewege mich im Uhrzeigersinn. Dazu spreche ich:

»Ich rufe den Geist und die Kraft des Ostens und bitte dich, hier zu sein und unseren Kreis in den nächsten Tagen zu tragen und zu unterstützen.«

So verfahre ich mit allen vier Himmelsrichtungen. Dann wende ich mich dem Oben und Unten zu und rufe auf gleiche Weise die Kraft und den Geist des Himmels und der Erde.

Bisweilen konkretisiere ich auch die gerufene Kraft in ihrer entsprechenden Richtungszuordnung: »Ich rufe den Geist und die Kraft des Ostens, die Kraft des Neubeginns und der Spiritualität und bitte dich…« Du kannst dies in deinem Sinne ändern und ergänzen. Zur Kraft der Himmelsrichtung kommen wir später.

Ebenso wichtig wie die Anrufung ist natürlich am Ende das Befreien, Verabschieden und Bedanken:

»Geist und Kraft des Ostens, ich danke dir für deine Unterstützung und entlasse dich!«

Nutze die Macht des Wortes und mach dich mit ihr vertraut.

Beispiele für Sprechzauber

Insbesondere in der Volksmagie haben sich zahlreiche »Zaubersprüche« erhalten. Oft sind sie gereimt. Es ist aber nicht so, dass dies ein Muss ist. Vielmehr gewährleistet der Reim eine gewisse Sprachrhythmik, und der Spruch lässt sich so leichter merken. Hinzu kommt, dass viele »Zaubersprüche« gar nicht gesprochen, sondern gesungen wurden. Durch den Gesang erhält das Wort eine weitere Kraftkomponente. Der Schall versetzt den Raum in eine Schwingung, die den Ätherraum um den Ausübenden herum anregt.

Als Beispiele möchte ich dir hier einige dieser Sprechzauber aufführen – wieder wenige, damit du sie nicht unhinterfragt nutzt, sondern damit du ein Gefühl für eigene Sprüche entwickelst.

Lorscher Bienensegen
Kirst, imbi ist hûcze
Nû fliuc dû, vihu mînaz, hera
Fridu frôno in munt godes
gisunt heim zi comonne

Sizi, sizi, bîna
Inbôt dir sancte Maria
Hurolob ni habe dû
Zi holce ni flûc dû
Noh dû mir nindrinnês
Noh dû mir nintuuinnêst
Sizi vilu stillo
Uuirki godes uuillon

Christ, der Bienenschwarm ist hier draußen!
Nun fliegt, ihr meine Bienen, kommt.
Im Frieden des Herren, unter dem Schutz Gottes
kommt gesund zurück.

Sitzt, sitzt, Bienen.
Der Befehl kommt von der Jungfrau Maria.

Ihr habt keinen Urlaub.
Fliegt nicht in den Wald.
Weder sollt ihr von mir entgleiten.
Oder vor mir flüchten.
Sitzt im absolut Stillen
und erfüllt Gottes Willen.

Der Lorscher Bienensegen gehört mit zu den ältesten überlieferten Zaubersprüchen in deutscher Sprache und stammt aus dem 10. Jahrhundert.

Erster Merseburger Zauberspruch

Eiris sâzun idisi, sâzun hêra duoder.
suma haft heftidun, suma heri lêzidun,
suma clûbodun umbi cuniowidi:
insprinc haftbandun, infar wîgandun.

Einstmals setzten sich Frauen, setzten sich hierhin und dorthin.
Einige hefteten Hafte, andere hemmten das Heer,
andere nesteln an festen Fesseln:
Entspring den Banden, entweich den Feinden.

Die Merseburger Zaubersprüche stammen aus dem 9./10. Jahrhundert. Der hier vorgestellte diente der Befreiung und Entfesselung von Gefangenen.

Zauber gegen Liebeskummer

Feuer, Wasser, Luft und Erde,
Auf dass ich ihn vergessen werde,
Es wirkt das ewige Grundprinzip der Zeit,
Das alles hat einen Anfang und ein Ende,
Nun endlich auch mein Leid!

Herkunft unbekannt.

Spruch zum Wiederfinden von Verlorenem
Was verloren wieder finden,
die Magie soll es wieder binden.
Ich rufe dich (Name)
erscheine doch!
Verbunden seien wir an
diesem Ort!

Nach www.hexenbuch.org
(Hexe 92, www.hexen.org/zauberspruch/1156432413.html)

Kraftanrufung
Große Mutter gib mir Kraft,
dass ich [dieses Ereignis] gut schaff!

Nach: Der magische Stein
(Barbarella, www.hexen.org/zauberspruch/1158753228.html)

Warzenbeschwörung
Warze alt
Warze kalt
Warze ab

Volksmagischer Spruch. Dazu wurde bei abnehmendem Mond der Saft von Schöllkraut auf die Warze geträufelt.

Ritualzeiten

Die Qualität der Zeit

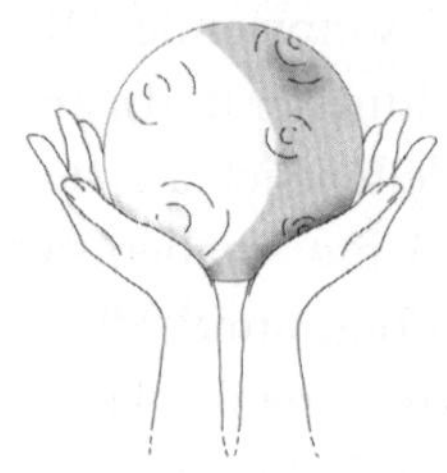

Was macht die Qualität der Zeit aus? Eine solche Frage scheint unsinnig in einer Zeit, die eben nur die Quantität derselben, nicht aber ihre Qualität beachtet. Zeit ist Geld, aber ist sie auch Atmosphäre? Die Stille an Heiligabend um 18 Uhr herum ist unbeschreiblich. Selten sieht man so wenige Menschen auf der Straße, kaum das Motorengeräusch eines fahrenden Autos ist zu hören. Ungefähr so muss der Winterabend vor 200 Jahren geklungen haben. Ähnlich ist es zum Beispiel am Neujahrstag. Diese Zeiten haben eine ganz besondere, stille Qualität. Die Qualitäten dieser Zeiten kommen unzweifelhaft aus der menschlichen Gewohnheit, aus einer kollektiven Übereinkunft. Die beiden genannten Festtage sind ja durch unseren Kalender bedingt. In China feiert man im Februar den Jahreswechsel. Die Kelten feierten noch im November ihre Zeit »zwischen den Jahren«, die »Rauhnächte«. In unserer christlich dominierten Kultur wird die Zeit Ende Dezember begangen (wenn sie denn überhaupt begangen wird). Die Stille kommt aus dem menschlichen Verhalten.

Und doch gibt es ebenso Zeitqualitäten, die nicht unmittelbar aus dem menschlichen Verhalten entspringen. Wer in voller spiritueller Präsenz einmal den Sonnenaufgang zur Frühjahrs- oder Herbsttagundnachtgleichen oder den Sonnwenden erlebt hat, wird mir zustimmen, dass diese vier Fixpunkte im Jahreskreis eine besondere Atmosphäre, eine innere Qualität besitzen: die Qualität der Balance zum Beispiel bei den Äquinoktien oder die Qualität höchster Vitalkraft (Sommersonnwende) beziehungsweise stärkster geistiger Kraft (Wintersonnwende). Die Qualität der jeweiligen Zeit entspringt nicht unmittelbar dem menschlichen Verhalten, auch wenn dieses die Zeitqualität zu überhöhen und zu verstärken imstande ist. Es ist eine Qualität der Erde selbst beziehungsweise ihrer kosmischen Rhythmen, eine astronomisch bedingte Zeitqualität.

Bei der Festlegung der Rauhnächte ist die Fragestellung durchaus relevant: Da gibt es die eine Gruppe, die die erste Rauhnacht am ersten Weihnachtstag, am 25. Dezember, fixiert. Von hier laufen dann zwölf archetypische Kraftnächte bis zum Dreikönigstag. Andere aber meinen, die erste Rauhnacht sei die Nacht der Wintersonnwende. Hier erkennen wir bereits die divergierende Nutzung kultureller und astronomischer Zeitqualitäten. Die zwölf Nächte aber leiten sich aus dem keltischen Jahreskreis ab. Die zwölf Nicht-Zeit-Nächte ergaben sich aus dem Unterschied zwischen Sonnenjahr (365 Tage) und Mondjahr (354 Tage), das sind elf Tage, beziehungsweise zwölf Nächte. Im Grund genauso »dachte« auch die germanische Kultur. Wann ist nun aber das »Geisterportal« offen? Wann tobt die »Wilde Jagd«? Im November? Im Dezember? Oder beides?

Es ist oft schwierig, die Datierung eindeutig festzulegen, weil die Überlagerung von kollektiv-kultureller und astronomischer Zeitqualität immens ist. Ich mag mich des Zaubers der Stille von Heiligabend nicht zu entziehen, auch wenn ich mir der Wintersonnwendqualität ein paar Tage zuvor innigst bewusst bin. Letztlich denke ich, ist die Qualität der Zeit ein Produkt aus kosmischer Grundqualität und menschlicher Aufmerksamkeit. Maria Thun konnte dies sehr schön darlegen: Mit wissenschaftlicher Akribie belegte die Forscherin den Einfluss planetarer Zeitqualitäten auf das Wachstum von Pflanzen. Mit nur wenigen Stunden Abstand gesäte Radieschen entwickelten sich vollständig unterschiedlich in Größe, Aroma und Krankheitsanfälligkeit. Und doch: Als ihre Sekretärin auch einmal eine Versuchsreihe aussäen wollte, war die statistische Streuung so groß, dass kein Effekt feststellbar war. Was also hatte die Beeinflussung des Wuchses, die zweifelsohne stattgefunden hatte, zuvor bewirkt? Eine astronomische Zeitqualität? Oder die geistige Ausrichtung der Forscherin darauf? Ist es der Kosmos, der Mensch oder beide, die der Zeit ihre Qualität geben?

Ich halte den Menschen für einen nicht wegzudenkenden Faktor in diesem kosmischen Reigen. So kann der Mensch natürlich auch kosmisch-astronomische Rhythmen geistig übertünchen oder sie bis zur Entkräftung verändern, aus einem Fest der Stille und der geistigen Kraft, eines des Konsums und Stresses werden lassen.

Im Ritual sollten astronomische Zeitqualitäten Berücksichtigung finden. Ein Sonnwendfest lässt sich nicht nach Belieben zwei Wochen vor- oder zurückverlegen, »nur weil's da grad besser passt«. Und doch bringt der richtige Zeitpunkt erst etwas, wenn man sich auch innerlich mit ihm verbindet. Ausschließlich aus dem Zeitpunkt heraus lässt sich meines Ermessens kein Ritual erschaffen. Es bedarf der Verinnerlichung des Augenblicks, der lebendigen Handlung aus der eigenen Mitte heraus in Verbindung mit der Qualität der Zeit.

Letztlich liegt es an uns, diese Qualitäten wiederzuentdecken und zu nutzen. Ich rate dazu, zunächst die astronomischen Eckpunkte in ihrer Reinheit zu erleben und erst dann das Erlebnisgefäß rituell zu befüllen. Allzu schnell ersetzen wir sonst die schalgewordenen Konsumbräuche durch mental-angelesene Rituale. Gewonnen wird dadurch wenig. Vielmehr geht es darum, die Qualität der Zeit an sich in uns wieder zu erspüren und aus diesem Impuls heraus zu einem neuen Miteinander von Erde und Mensch zu finden.

Der Mond

Mondphasen

Zeitqualität ist ein wesentlicher Träger der Kraft im Ritual. Ob man ein Ritual zu Sonnenauf- oder -untergang zelebriert ist ein gewaltiger Unterschied. Natürlich können wir hier nicht alle Zeitqualitäten abhandeln, ich möchte aber doch die wichtigsten beschreiben. Allerdings empfehle ich, diese Empfehlungen nicht einfach zu übernehmen, sondern zunächst für dich zu beobachten und Erfahrungen zu sammeln, wie du die Zeitqualität einschätzt. Dabei hilft eine Art »Zeitqualitäten-Tagebuch«.

Eine der seit langer Zeit genutzten Zeitqualitäten geht vom Mond aus. In Stonehenge sind neben der Sommersonnwende auch die große und kleine Mondwende mit Auf- und Untergangspunkten des Mondes anpeilbar. Der Mond trägt eine mächtige Ritualkraft in sich, und seine Gestalt wechselt so häufig, dass wir nicht ein halbes Jahr lang auf den »perfekten Augenblick« zu warten brauchen.

Abb. 9: Zeitqualität in den Mondphasen

Ich möchte hier zunächst sechs Phasen des Mondzyklus beachten und wie diese als Träger der Kraft im Ritual nutzbar sind.

Schwarzmond

Schwarzmond oder Dunkelmond – bekannter ist umgangssprachlich der Neumond – ist jene Mondphase, in der der Mond nicht zu sehen ist, weil er sich in der Nähe der Sonne befindet und daher nur die erdabgewandte Seite mit Licht beschienen wird. »Neumond« ist ja eigentlich die erste dünne Mondsichel nach dieser Phase, ich spreche daher lieben von »Schwarzmond«.

Die Zeit des Schwarzmonds ist eine wunderbare Zeit, um Impulse zu setzen und Neues beginnen zu lassen. Rituale, die das Ziel haben, etwas zu wandeln und zu transformieren, sind zu Schwarzmond zeitlich gut eingeordnet. Es ist sozusagen die Zeitqualität, in der noch alles ruht und sich wandelnd vorbereitet. Allgemein können wir daher hier Rituale ansetzen, in denen wir einen Grundimpuls setzen, um es später vergrößern, verbessern und wachsen zu lassen.

Zunehmender Mond

Wie der Mond in seiner Sichtbarkeit anwächst, so lässt auch die Kraft dieser Mondphase alles wachsen. Wir können dabei im Detail unterscheiden:

Von Neumond bis zunehmendem Halbmond

Hier ist nun also tatsächlich die erste dünne, sichtbar werdende Mondsichel nach Schwarzmond gemeint. Diese Phase eignet sich besonders durch ihre grundlegende Wirkung, etwas zu verbessern oder wachsen zu lassen, zum Beispiel den Geschäftserfolg, die Beziehung und dergleichen.

Von zunehmendem Halbmond bis Vollmond

Diese nächste Phase des Mondzyklus hat eine deutlich schnellere Wirkung. »Wachstumsrituale« mit rascherem Erfolg sind hier gut angesiedelt.

Vollmond

Im Vollmond ist der Mond in seiner vollen Kraft. Da dieser stark mit unserem Gemüt und unseren Emotionen verbunden ist – Luna ist verwandt mit Laune – bieten sich Rituale an, die den Kontakt zu unseren Gefühlen sowie unsere Intuition stärken. Allgemein kann man hier aber alle Arten von Stärkungsritualen zuordnen. Auch ist der Vollmond ein guter Zeitpunkt, um Weihungen durchzuführen, zum Beispiel die unserer dauerhaften Ritualgegenstände.

Durch die intuitive Kraft des Mondes in seiner vollen Präsenz eignet sich dieser Zeitpunkt besonders, um Kontakt zu helfenden und unterstützenden Spirits herzustellen. Als Unterform davon sind besonders sowohl Traumrituale zu nennen, also Rituale, die das Träumen klären und stärken, als auch besonders Rituale, die sozusagen im Klartraum vollzogen werden, was aber sicherlich nur etwas für Fortgeschrittene ist.

Abnehmender Mond

Wenn das Licht des Mondes zu schwinden beginnt, nimmt es besondere Kräfte mit sich. Die Phasen des abnehmenden Mondes eignen sich also besonders dafür, etwas loszulassen.

Vollmond bis abnehmender Halbmond

Die erste Zeit nach dem Vollmond ist besonders für Rituale geeignet, die Ruhe und Entspannung ins Leben bringen sollen, die uns also entlasten. Allgemein können wir hier sehr gut loslassen und verabschieden. Auf einer eher stabilisierenden Ebene hat nach meiner Erfahrung die Zeit bis zum abnehmenden Halbmond auch eine unterstützende Kraft darin, insbesondere mit Schutzgeistern Kontakt aufzunehmen.

Abnehmender Halbmond bis Schwarzmond

Die letzte der hier beschriebenen sechs Mondphasen eignet sich für das Loslassen, im Besonderen aber für das Loslassen von Süchten und Krankheiten. Auch Trennungsrituale würde ich zeitlich hier ansiedeln. Alles, was entfernt, verabschiedet oder beendet werden soll, ist hier zeitlich gut angesetzt.

Auf- und absteigender Mond

Die Zyklen des Mondes kennen nicht nur die sichtbaren Mondphasen. Die Umlaufbahn des Mondes ist gegenüber der scheinbaren Sonnenbahn, der Ekliptik (eigentlich ist es ja heliozentrisch die Erdbahn) leicht verschwenkt. Scheinbare Sonnenbahn und Mondbahn treffen sich optisch in zwei Punkten. Sie werden Mondknoten genannt. Der eine ist der aufsteigende oder nördliche Mondknoten. Er wird auch als Drachenkopf bezeichnet. In der Astrologie steht er für das, was es in unserem Leben zu lernen gilt. Sehr allgemein kann man sagen, dass wir den aufsteigenden Mondknoten eher wie einen zunehmenden Mond behandeln können, wobei der Drachenkopf (nördlicher Mondknoten) wie der Vollmond gesehen werden kann. Dieser Zeitpunkt ist eine sehr interessante Schwellenzeit, weil hier Sonnen- und Mondfinsternisse stattfinden können.

Der absteigende Mondknoten wird als südlicher Mondknoten oder Drachenschwanz bezeichnet. In der Astrologie ist er mit Dingen verbunden, die wir gut können, die aber ihre Zeit hinter sich haben, darum wird er symbolisch meist mit vergangenen Leben verbunden. Der absteigende Mondknoten wird allgemein wie ein abnehmender Mond behandelt. Der Drachenschwanz selbst wird dabei wie ein Schwarzmond genutzt und ist insbesondere bei Schwellenzeiten – Sonnen- und Mondfinsternis – eine machtvolle Wandlungskraft, mit der man aber vorsichtig agieren sollte. Ob wir gerade einen auf- oder absteigenden Mond haben, kann man am besten Mondkalendern im Internet entnehmen. Ich persönlich nutze gerne den Aussaatkalender von Maria Thun.

Mond und Tierkreis

Wenn man eine Zeitqualität genauer ermitteln will, kann man den Tierkreis hinzunehmen, den der Mond in seiner Umrundung, also während eines Monats, durchläuft. Hierbei muss man jedoch aufpassen, da es zwei unterschiedliche Betrachtungen gibt, die leider in den Mondkalendern nicht immer eindeutig angegeben sind. Die eine

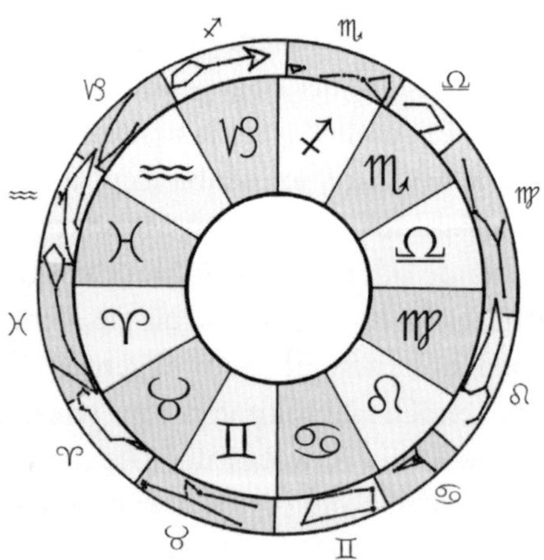

Abb. 10: Verhältnis von astrologischem Tierkreis (innen) und astronomischen Sternbildern (außen) heute

Betrachtung sieht die Sternbilder an wie sie tatsächlich sind, es ist also eine ***astronomische*** Betrachtung. Maria Thun nutzt diese Beobachtung für ihre »Aussaattage«. Die Astrologie tut dagegen so, also wäre der Frühlingspunkt der Sonne (also der Zeitpunkt zur Frühjahrstagundnachtgleiche) bei null Grad Widder. Inzwischen ist er jedoch durch die Präzession in den Fischen. Die ***astrologische*** Betrachtung wird vom Mondkalendersystem genutzt, wie ihn zum Beispiel Paungger & Poppe in ihrem Buch *Vom richtigen Zeitpunkt* beschreiben. Es kann also zu zeitlichen Abweichungen kommen, je nachdem, ob man einen astrologischen oder einen astronomischen Mondkalender zu Rate zieht.

Ich persönlich nutze beide: den astronomischen Mondkalender (Maria Thun) für körperliche Themen und den astrologischen Mondkalender (Paungger & Poppe) für eher seelische Themen.

Für beide Systeme gilt: Wie die Sonne im Jahreslauf durchläuft der Mond alle zwölf Tierkreiszeichen. Diese sind jeweils einem der vier Elemente zugeordnet:

- Widder, Löwe und Schütze dem Feuer-Element
- Stier, Jungfrau und Steinbock dem Erd-Element
- Zwillinge, Waage und Wassermann dem Luft-Element
- Krebs, Skorpion und Fische dem Wasser-Element.

Willst du mit den vier Elementen arbeiten (wie ab Seite 39 beschrieben), so bietet es sich an, sich Ritualzeiten zu wählen, in denen das jeweilige Element durch den Mond angeregt wird, weil er sich – astrologisch oder astronomisch – vor einem entsprechenden Tierkreiszeichen befindet.

Möchtest du mit dem Element **Erde** arbeiten – für Themen wie Körper, Besitz, Manifestationen oder Grenzen, so bieten sich also Zeiten an, zu denen sich der Mond in Stier, Jungfrau und Steinbock befindet.

Möchtest du mit dem Element **Wasser** arbeiten – für Themen wie Emotionen, Wandlungen und Fließen, so ist es ratsam einen Zeitpunkt zu wählen, zu dem sich der Mond in Krebs, Skorpion oder Fische befindet.

Willst du dagegen das Element **Luft** rituell nutzen – für Themen wie Verstand, Kommunikation und Freiheit, so wähle dir einen Zeitpunkt, zu dem sich der Mond in Zwillinge, Waage oder Wassermann aufhält.

Und schließlich: Beabsichtigst du das **Feuer**-Element rituell zu nutzen, um Themen wie Transformation, Geist und Spiritualität rituell anzuregen, so nutze einen Zeitpunkt, zu dem sich der Mond in Widder, Löwe oder Schütze befindet.

Natürlich hat jedes der zwölf Tierkreiszeichen seine eigene Qualität. Willst du noch genauer hinsehen, so kannst du einen Zeitpunkt wählen, zu dem sich je nach Thema der Mond in einem thematisch analogen Zeichen aufhält, wie sie in der Tabelle genannt sind.

Tabelle 4: Mond und Tierkreiszeichen

Folgende Themen gelten für die Tierkreiszeichen

Widder	Neubeginn, Ich
Stier	Besitz, Körper, Annehmen
Zwillinge	Geistige Beziehungen, Kommunikation, inneres Kind
Krebs	Familie, Rückzug, Schwangerschaft
Löwe	Selbstbewusstsein, Kreativität, Sexualität
Jungfrau	Arbeit (konkretes Tun), Grenzen
Waage	Harmonie, Balance, Kunst, sexuelle Beziehungen
Skorpion	Transformation, Erbe, Ahnen, Loslassen
Schütze	Sinnsuche, inneres Verstehen
Steinbock	Beruf(ung), Karriere, Gesetze
Wassermann	Gemeinschaft (Gruppe), Brechen mit alten Mustern
Fische	Mystik, Spiritualität, Grenzerfahrungen

Folgende Themen gelten für die Tierkreiszeichen:
Willst du tiefer in diese Thematik eintauchen, so solltest du dich im Internet oder in Astrologiebüchern über die Qualität und Themen der Tierkreiszeichen informieren!

Du merkst, allein über den Mond als Zeitgeber für deine Rituale kannst du sehr fein Zeitqualitäten ermitteln, die dein Ritual als Träger der Kraft unterstützen: Welche Mondphase ist für dein Ritual am geeignetsten? Ist der Mond auf- oder absteigend? Vor welchem Zeichen befindet er sich, wofür steht es thematisch und mit welchem Element ist es verbunden?

Die Planeten und ihre Zeiten

Wir können nicht nur den Mond für die Wahl eines Ritualzeitpunkts nutzen; sehr gerne werden auch Planetenzeiten genutzt! Insbesondere in der Ritualmagie war die Auswahl des Ritualzeitpunkts nach der Kraft der sieben klassischen Planeten üblich. Die sieben klassischen Planeten sind jene, die seit Jahrtausenden mit bloßem Auge zu sehen waren, ehe 1781 Uranus von Wilhelm Herschel entdeckt wurde. Uranus ist mit bloßem Auge nur unter sehr günstigen Bedingungen erkennbar. Die ersten Teleskope änderten dies. So haben die sogenannten sieben klassischen Planeten Sonne, Merkur, Venus, Mond, Mars, Jupiter, und Saturn die Ritualistik geprägt. Du merkst sicher, dass Sonne und Mond hier als Planet aufgefasst werden, was sie astronomisch nicht sind.

Jeder der sieben klassischen Planeten vertritt eine bestimmte Kraft, die wir hier in aller Kürze beleuchten wollen. Für ein tieferes Verständnis empfehle ich wiederum die Vertiefung über astrologische Literatur.

Sonne ☉

Die Sonne ist unsere Quelle des Lichtes. Darum ist sie auch mit dem (Tages-)Bewusstsein verbunden. Gleichzeitig ist sie der Energiegeber, dessen Kraft von den Pflanzen über die Tiere bis zu uns strömt. Rituell sind Sonnenzeiten nutzbar, um die Vitalität zu steigern und Erkenntnis ins Leben zu bringen.

Merkur ☿

Merkur ist der Götterbote. Er vertritt damit die Kommunikation und den Intellekt sowie die Sprache in gesprochener und schriftlicher Form. Ihm ist damit zugleich die Bewegung zu eigen. Wenn du rituell etwas in Bewegung bringen willst oder die Kommunikation mit anderen Wesen, mit Mensch, Tier und Pflanze stärken willst, dann sind Merkurzeiten die richtigen – und natürlich, wenn du etwas aussprechen möchtest, was alle wissen sollen.

Venus ♀

Venus ist in der Mythologie die Göttin der Liebe, der Schönheit und Harmonie. Wenn du Ästhetik und Schönheit in dein Leben bringen möchtest, den Frieden in deinem Umfeld stärken und schützen willst und in eine Beziehung treten oder diese pflegen möchtest, dann wähle Venuszeiten.

Mond ☽

Der Mond ist jenes Gestirn, das geozentrisch betrachtet als Pendant zur Sonne wirkt. Interessanterweise ist die Mondscheibe für unser Auge genauso groß wie die Sonnenscheibe. Die Sonnen- und die Mondbahn verhalten sich gegenläufig: Hat die Sonne im Sommer ihre höchste Bahn und im Winter ihre flachste, so ist es beim Mond umgekehrt. Wie die Sonne also für das Bewusstsein steht, so steht der Mond für die unbewussten Kräfte in unserem Leben. Er vertritt nicht das gebende, sondern das empfangende Prinzip, die Mütterlichkeit und Intuition. Mondzeiten sind geeignet, um diese Themen zu aktivieren und zu stärken.

Mars ♂

Mars war, bevor er zum Kriegsgott wurde, Gott des Gartenbaus. Neben seinen aggressiven Potentialen ist er deshalb für die Tatkraft und Motivation nutzbar, für alles, das es anzupacken gilt. Wenn du dein Durchsetzungsvermögen stärken und die Dynamik und Energie in deinem Leben erhöhen möchtest, dann sind Marszeiten die richtigen. Er steht aber auch für die Triebnatur, daher achte darauf, dass Arbeiten mit der Marskraft stets von Bewusstsein durchdrungen sind.

Jupiter ♃
Jupiter, der Göttervater, verkörpert die Autorität. Er steht für den Erfolg und den Gewinn. Gerade in Ritualen, die dir zu Erfolg verhelfen sollen, sind Jupiterzeiten prädestiniert. Gleichzeitig ist Jupiter aber auch tolerant und großzügig (jovial). Wenn du diese Eigenschaften stärken oder in dein Leben holen möchtest, dann nutzt du am besten eine Jupiterzeit.

Saturn ♄
Saturn schließlich war der letzte mit bloßem Auge sichtbare Planet. Er hütet die Schwelle zwischen der Persona und den transpersonalen Kräften. Ein Schwellenritual zu diesem Thema ist zu einem Saturnzeitpunkt angebracht. Da Saturn auch die Struktur und Form zugeordnet ist, können seine Zeiten nutzbringend eingesetzt werden, um Stabilität und Festigkeit in dein Leben zu bringen. Zugleich schützt Saturn alles bereits Erworbene und Erarbeitete.

Die Wochentage

Die Wochentage sind seit undenklichen Zeiten mit der Kraft der sieben klassischen Planeten verbunden. Seit über 4000 Jahren folgen Sonntag, Montag, Dienstag, Mittwoch, Donnerstag, Freitag und Samstag dieser Reihenfolge. Über Kalenderreformen hinweg hat sie sich erhalten. Die Wochentage tragen bis heute die Namen der Planeten, die diesen Tag regieren: SONNtag, im englischen SUNday, die Sonne, MON(d)tag (engl. MONday, frz. Lundy) der Mond. Der Dienstag leitet sich vom germanischen Kriegsgott TYR oder TIU ab, der die Marskraft vertritt. Im Englischen TUESday oder dem Französischen MARdi ist dies noch offensichtlicher. Der Mittwoch ist geprägt durch Merkur – im Französischen MERCREdi. Seine germanische Entsprechung war Wotan, daher im Englischen WEDNESday (Wodanstag).

Jupiter regiert den Donnerstag, den DONARstag. So wie Jupiter das Wetter beherrscht, so auch Thor oder Donar im Germanischen. Im Englischen ist es THURSday (Thorstag), im Französischen scheint wieder Jupiter durch: JEUdi. Ob der FREItag Freyja oder Frigga (engl FRIday) geweiht war, darüber wird häufig diskutiert. Beide germanischen Göttinnen tragen aber Venusaspekte in sich – im Französischen VENDREdi. Und der Samstag schließlich ist im Englischen SATURday gut als Saturnstag erkennbar.

Die sieben Wochentage tragen also die Kraft der sieben Planeten. Wenn du ein Ritual planst, das deine Vitalkraft stärken soll, so vollziehe es am Sonntag. Wenn du deine Intuition rituell stärken möchtest, nutze den Montag. Deine Tatkraft kannst du am Dienstag gut aktivieren und am Mittwoch alles, was mit Kommunikation zu tun hat. Den Donnerstag nutzt du für ein Ritual, das einer Unternehmung den Erfolg garantieren soll, und den Freitag für Liebesrituale. Der Samstag unterstützt dich darin, Ordnung und Struktur in dein Leben zu bringen und deinen Besitz zu schützen.

Die Einteilung der Wochentage folgt einer inneren Logik. Sie soll auf die Chaldäer zurückgehen. Ob dies so ist, brauchen wir hier nicht weiter zu untersuchen. Doch die Reihung Sonne-Mond-Mars-Merkur-Jupiter-Venus-Saturn ist auf jeden Fall nicht zufällig.

Tabelle 5: Wochentage und Planetenkäfte

Planet	*Wochentag*	*Englisch*	*Französisch*
Sonne	Sonntag	**Sun**day	Dimanche
Mond	Montag	**Mon**day	**Lun**dy
Mars	Dienstag	Tuesday	**Mar**di
Merkur	Mittwoch	Wednesday	**Mercr**edi
Jupiter	Donnerstag	Thursday	**Jeu**di
Venus	Freitag	Friday	**Vendr**edi
Saturn	Samstag	**Satur**day	Samedi

Diese Reihung ergibt sich, wenn man zum Beispiel die sieben Planeten entsprechend ihrer Bewegungsgeschwindigkeit (Umlaufzeiten) in einem Kreis anordnet und einen Siebenstern einfügt:

Ordnet man die Planeten gemäß ihrer Umlaufzeiten an (für die Sonne geozentrischer Jahreszyklus, also eigentlich Umlaufzyklus der Erde), folgt die Reihung der Wochentage mit ihrer Planetenzuordnung der Linienführung des Sterns.

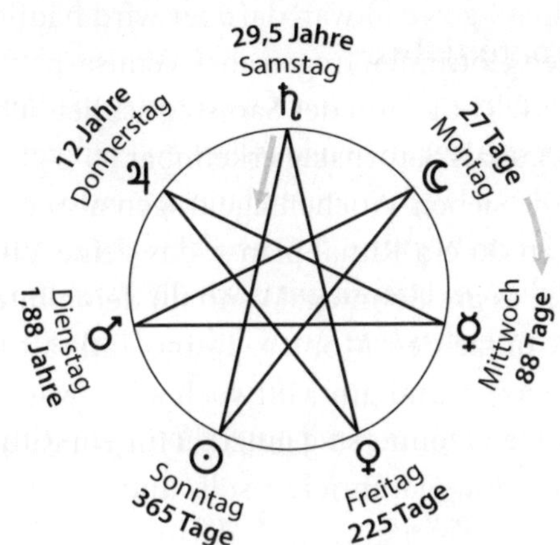

Abb. 11: Siebenstern der Wochentage und ihrer Planetenzuordnung

Du kannst nun den Linien des Siebensterns folgen und kommst vom Sonntag auf den Montag, dann auf den Dienstag und so weiter. Wir können auch ein anderes Kosmogramm erstellen, das ich ebenfalls wunderbar finde.

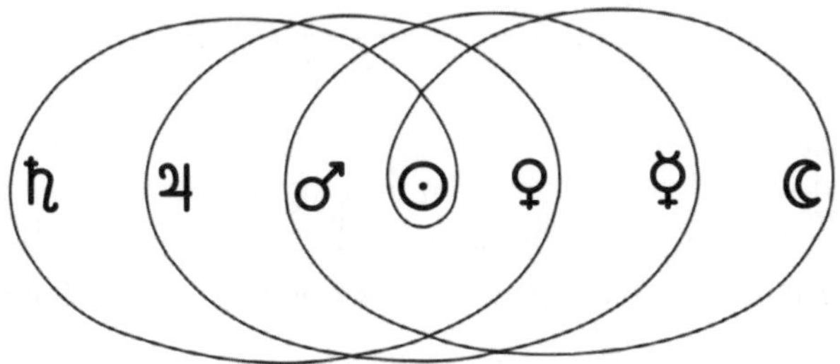

Abb. 12: Alternatives Wochentags-Planeten-Kosmogramm

Der Wochentag mit seiner Planetenzuordnung folgt aufeinander, wenn man der Linienführung im Uhrzeigersinn folgt.

Es ist also ein sehr einfaches Berechnungssystem, ein Ritual an einem entsprechenden Wochentag auszuführen, der mit seiner Planetenkraft dein Anliegen unterstützt.

Planetenjahre

Springen wir von den Tagen zum Jahr. Auch ganze Jahre werden rituell einem der sieben klassischen Planeten zugeordnet. Sie tauchen das Jahr sozusagen in eine planetare Farbe.

»Jahresbeginn« ist die Frühjahrstagundnachtgleiche (21. März). Vor diesem Datum gilt noch die Planetenkraft des Vorjahres. Die Planeten werden hier gemäß ihrer Umlaufzeit gereiht.

Tabelle 6: Planeten Umlaufzeiten

Position	*Planet*	*Umlaufzeit*	
1	Saturn	29,46 Jahre	*Umlaufzeiten abnehmend*
2	Jupiter	11,86 Jahre	
3	Mars	1,88 Jahre	
4	Sonne	1 Jahr	
5	Venus	0,62 Jahre	
6	Merkur	0,24 Jahre	
7	Mond	27,25 Tage	

Die Zuordnung der Planeten zum jeweiligen Jahr folgt nun fortlaufend dieser Reihung: Auf ein Sonnenjahr folgt ein Venusjahr, darauf ein Merkurjahr und so weiter, und dann beginnt wieder alles von vorn.

Tabelle 7: Planetenjahre

Saturn	2021	2028	2035	
Jupiter	2022	2029	2036	
Mars	2023	2030	2037	
Sonne	2024	2031	2038	
Venus	2025	2032	2039	
Merkur	2026	2033	2040	
Mond	2027	2034	2041	

Es gibt auch eine Formel für die Errechnung des Planetenjahres:

Formel zur Errechnung des Planetenjahres:
(JAHR – 4) : 7 = X / Rest gibt die Position an.

Beispiel:

2030 – 4 = 2026 : 7 = 289 / Rest 3 → Position 3 = Mars

Du kannst also den Planeten des Jahres errechnen oder in der Tabelle nachsehen. Manchmal lohnt es sich, für ein Ritual das neue Jahr abzuwarten, zumal, wenn man ohnehin kurz vor der Frühjahrstagundnachtgleiche steht. Für ein Geschäftserfolg-Ritual mag es viel besser sein, abzuwarten, dass aus dem Saturnjahr ein Jupiterjahr wird, und wenn du dann auch noch den Donnerstag wählst, wird der Ritualzeitpunkt das Ritual doppelt unterstützen.

Es gibt aber noch eine weitere Ritualzeit der Planeten: die Planetenstunden.

Planetenstunden

Die Planetenstunden sind – ähnlich wie die Planetenjahre oder die Wochentage – planetare Zeitqualitäten. In den entsprechenden Stunden wird die Wirkung der entsprechenden planetaren Kraft im Raum stärker. Planetenstunden wurden seit vielen Jahrhunderten zur Berechnung von Ritualzeiten herangezogen.

Die Berechnung der Planetenstunden ist etwas komplizierter, als den tief in uns verankerten Wochentag zu nutzen, aber es lohnt sich tatsächlich, denn die Zeitqualität trägt das Ritual um ein Vielfaches mit.

Das Grundprinzip ist folgendes: Der Tag (24 Stunden) wird in eine Tages- und eine Nachthälfte geteilt. Jeder der beiden Tagesabschnitte wird – entsprechend seiner Länge, also den tatsächlichen Auf- und

Tabelle 8: Tagestabelle Planetenstunden

Stunde	*Montag*	*Dienstag*	*Mittwoch*	*Donnerstag*	*Freitag*	*Samstag*	*Sonntag*
1	Mond	Mars	Merkur	Jupiter	Venus	Saturn	Sonne
2	Saturn	Sonne	Mond	Mars	Merkur	Jupiter	Venus
3	Jupiter	Venus	Saturn	Sonne	Mond	Mars	Merkur
4	Mars	Merkur	Jupiter	Venus	Saturn	Sonne	Mond
5	Sonne	Mond	Mars	Merkur	Jupiter	Venus	Saturn
6	Venus	Saturn	Sonne	Mond	Mars	Merkur	Jupiter
7	Merkur	Jupiter	Venus	Saturn	Sonne	Mond	Mars
8	Mond	Mars	Merkur	Jupiter	Venus	Saturn	Sonne
9	Saturn	Sonne	Mond	Mars	Merkur	Jupiter	Venus
10	Jupiter	Venus	Saturn	Sonne	Mond	Mars	Merkur
11	Mars	Merkur	Jupiter	Venus	Saturn	Sonne	Mond
12	Sonne	Mond	Mars	Merkur	Jupiter	Venus	Saturn

Untergangszeiten der Sonne – in 12 gleiche Teile unterteilt (das sind Temporalstunden). Dadurch dauern zum Beispiel im Sommer die Temporalstunden am Tage deutlich länger als in der Nacht, im Winter umgekehrt. Diese Auffassung von Stunden, die sich tags und nachts in ihrer Länge unterscheiden, war bis ins 14./15. Jahrhundert hinein die gebräuchliche Form der Zeitmessung. Erst mit den mechanischen Uhren kam dann die genormte Stunde.

Die Zählung beginnt stets mit der ersten Planetenstunde bei Sonnenaufgang – beginnend mit dem Tagesherrscher. Der Tagesherrscher entspricht der Planetenzuordnung des Wochentages, die wir ja nun kennen. Dem Tagesherrscher folgen dann entsprechend der Reihung nach Umlaufzeiten (wie in der Tabelle für die Planetenjahre) die

Tabelle 9: Nachttabelle Planetenstunden

Stunde	*Montag*	*Dienstag*	*Mittwoch*	*Donnerstag*	*Freitag*	*Samstag*	*Sonntag*
1	Venus	Saturn	Sonne	Mond	Mars	Merkur	Jupiter
2	Merkur	Jupiter	Venus	Saturn	Sonne	Mond	Mars
3	Mond	Mars	Merkur	Jupiter	Venus	Saturn	Sonne
4	Saturn	Sonne	Mond	Mars	Merkur	Jupiter	Venus
5	Jupiter	Venus	Saturn	Sonne	Mond	Mars	Merkur
6	Mars	Merkur	Jupiter	Venus	Saturn	Sonne	Mond
7	Sonne	Mond	Mars	Merkur	Jupiter	Venus	Saturn
8	Venus	Saturn	Sonne	Mond	Mars	Merkur	Jupiter
9	Merkur	Jupiter	Venus	Saturn	Sonne	Mond	Mars
10	Mond	Mars	Merkur	Jupiter	Venus	Saturn	Sonne
11	Saturn	Sonne	Mond	Mars	Merkur	Jupiter	Venus
12	Jupiter	Venus	Saturn	Sonne	Mond	Mars	Merkur

Tabelle 10: Beispiel Planetenstunden

Std		*Montag*	*Dienstag*	*Mittwoch*	*Donnerstag*	*Freitag*	*Samstag*	*Sonntag*
07:42 – 08:25	**1**	Mond	Mars	Merkur	Jupiter	Venus	Saturn	Sonne
08:25 – 09:09	**2**	Saturn	Sonne	Mond	Mars	Merkur	Jupiter	Venus
09:09 – 09:52	**3**	Jupiter	Venus	Saturn	Sonne	Mond	Mars	Merkur
09:52 – 10:36	**4**	Mars	Merkur	Jupiter	Venus	Saturn	Sonne	Mond
10:36 – 11:19	**5**	Sonne	Mond	Mars	Merkur	Jupiter	Venus	Saturn
11:19 – 12:03	**6**	Venus	Saturn	Sonne	Mond	Mars	Merkur	Jupiter
12:03 – 12:46	**7**	Merkur	Jupiter	Venus	Saturn	Sonne	Mond	Mars
12:46 – 13:30	**8**	Mond	Mars	Merkur	Jupiter	Venus	Saturn	Sonne
13:30 – 14:14	**9**	Saturn	Sonne	Mond	Mars	Merkur	Jupiter	Venus
14:14 – 14:57	**10**	Jupiter	Venus	Saturn	Sonne	Mond	Mars	Merkur
14:57 – 15:40	**11**	Mars	Merkur	Jupiter	Venus	Saturn	Sonne	Mond
15:40 – 16:22	**12**	Sonne	Mond	Mars	Merkur	Jupiter	Venus	Saturn

Stunden der anderen Planeten: Saturn – Jupiter – Mars – Sonne – Venus – Merkur – Mond – Saturn und so weiter.

Nehmen wir an, Sonnenaufgang ist um 7:42 Uhr, Sonnenuntergang 16:22 Uhr [November].

Der helle Tag hat damit eine Absolutlänge von 8 Stunden und 40 Minuten = 520 Minuten.

(520 : 12 = 43,5) Eine Temporalstunde des Tages hat damit eine Absolutlänge von 43,5 Minuten.

In diesem Beispiel würden sich also die Planetenstunden des lichten Tages aufteilen wie in der umseitigen Tabelle gezeigt:

Für ein Ritual, in dem du deine Intuition oder deinen Zugang zum Unbewussten öffnen willst, wählst du dir optimalerweise ein Mondjahr. Wenn du nicht so lange warten willst oder kannst, dann praktiziere das Ritual an einem Montag. In unserem Beispiel der Tageslänge wäre kurz vor 8:00 Uhr morgens ein guter Zeitpunkt und dann wieder um kurz vor ein Uhr mittags. Beides sind Mond-Temporalstunden. Beachte aber, dass diese Tabelle 10 keine Allgemeingültigkeit besitzt! Du musst für die jeweilige Jahreszeit an deinem Ort tatsächlich die ganze Berechnung durchführen, da sich die Temporalstunden ja über das Jahr verschieben. Wenn du dann auch noch für dein Intuitionsritual den Vollmond wählst, kann eigentlich nichts mehr schiefgehen.

Intuitive Zeitpunktermittlung

Wenn diese Berechnungen nichts für dich sind, kann ich das aber auch gut verstehen. Möglicherweise hast du das Gefühl, dass dadurch dein Gefühlsimpuls verlorengeht. Das sollte nicht geschehen. Selbst wenn du dich ganz spontan für ein Ritual entscheidest und nicht tagelang warten möchtest, kannst du stets die Kraft des Augenblicks nutzen. Jeder Zeitraum hat seinen optimalen Startzeitpunkt: Das intuitive *Jetzt*!

Wenn du alles vorbereitet hast und der Ritualablauf gestaltet ist, dann werde innerlich still, atme tief in deine Mitte und verbinde dich noch einmal mit jenem Gefühlsimpuls, der dich bei der Ritualgestaltung geleitet hat. Wohin willst du? Was willst du bewirken? Werde still und warte ab. Irgendwann wirst du einen Impuls spüren, folge ihm und beginne mit dem Ritual. Dieses heilige »Jetzt!« ist der Ruf deiner Seele – oder deiner Helferspirits, ganz wie du möchtest. Selbst wenn ich einen Ritualzeitpunkt errechnet habe, warte ich immer *auf dieses* Jetzt!, *diesen inneren Impuls ab. Deine Intuition zeigt dir, wann es richtig ist zu beginnen. Und oftmals habe ich erst hinterher berechnet und in den Kalender gesehen und staunend erkennen können, wie passend der Ritualzeitpunkt gewählt war.*

Astronomische und meteorologische Ereignisse

Besondere astronomische Ereignisse geben eine machtvolle Grundenergie für Rituale, die ich sehr gerne nutze: Sonnen- und Mondfinsternisse müssen nicht unbedingt bei uns zu sehen sein, ihre Kraft wirkt auch, wenn sie auf der anderen Hemisphäre sichtbar sind. In diesem Sinne sind auch die Zeiten für Jahreskreisfeste nicht nur dafür geeignet, eben diesen Zyklus zu feiern. Zur Sommersonnwende ist der Sonnenstand nun einmal am höchsten und die Kraft der Sonne am stärksten, umgekehrt ist die Vitalkraft zur Wintersonnwende am niedrigsten Punkt, die Ausdehnung des Geistes ist dagegen enorm. Die Frühlings- und Herbsttagundnachtgleichen dagegen sind Zeiten des Ausgleichs, der Balance, und sie unterstützen auf mächtige Art zum Beispiel Schwellenrituale.

Dieserart gibt es natürlich jede Menge wunderbar nutzbarer astronomische Ereignisse wie Planetenkonjunktionen, die du als Zeitqualität nutzen kannst.

Über die astronomischen Ereignisse hinaus bietet Gaia, die Erde, ihre Kraft in Wettererscheinungen dar. Nutze den Augenblick eines Sturms, um die ungeheure Kraft des Luftelementes in deinem Ritual nutzbringend einzusetzen. Nutze die Kraft des Wassers, indem du ein Ritual im Regen zelebrierst. Elementarkräfte sind mächtige Träger der Kraft, die aus dem Augenblick heraus dein Ritual unterstützen können.

Himmelsrichtungen

Wir Menschen haben eine Eigenschaft, die wir nicht ablegen können. Es mag für dich rituell ja keine Rolle spielen, aber stets wenden wir uns einer Himmelsrichtung zu. Ganz gleich, ob du stehst oder sitzt, wir besitzen ein Vorne, das unsere Aufmerksamkeit lenkt, und ein Hinten, von dem wir uns abwenden. Selbst im Liegen weist der Kopf in eine Richtung, und wir blicken Himmel oder Erde an. Diese Zuwendung können wir bewusst als einen Träger der Kraft nutzen, denn die Richtungen haben ihre eigenen Qualitäten!

Die vier Haupthimmelsrichtungen

Der Osten ist gemäß dem Sonnenlauf (beziehungsweise der Drehrichtung der Erde) der Aufgangspunkt von Sonne und Mond und der Gestirne. Hier werden sie »geboren«. Der Osten trägt damit die Kraft des Anfangs, des Beginns in sich. Er ist mit dem Frühling assoziiert und je nach System mit einem Element. Wende dich also für Rituale des Neubeginns dem Osten zu und nutze seine Kraft. Für mich steht der Osten auch für die Spiritualität (Kirchen sind geostet). Es ist im übertragenen Sinne das erleuchtende Licht, das im Osten geboren wird. Wenn dies für dich stimmig ist, kannst du den Osten also auch für Rituale nutzen, die auf die transformierende Kraft des Geistes und der Spiritualität ausgerichtet sind.

Der Süden ist die Richtung des Sonnenhöchststandes. Hier sind Sonne und Mond stets an ihrem höchsten Punkt am Himmel. Der Süden ist demnach mit dem Sommer und seiner starken Vitalkraft verknüpft. Nutze also den Süden, indem du dich zum Beispiel für Fruchtbarkeitsrituale dem Süden zuwendest, oder auch für Rituale des Erfolgs. Für mich steht der Süden aber auch für ein bestimmtes Lebensgefühl, für die Freiheit und Lebensfreude des Sommers. Er hat für mich starke emotionale Qualitäten. Wenn du dies nachempfinden kannst, so richte dich bei Ritualen, in denen du deine Freiheit und Lebensfreude ins Leben rufen möchtest, nach Süden aus.

Der Westen ist die Himmelsrichtung des Sonnenuntergangs. Er ist verbunden mit dem Abend, dem Feierabend, dem Loslassen und dem Sterben. Richte dich zum Beispiel für Ahnenrituale nach Westen aus. Ich erkenne aber auch, dass die Sonne, die über das Firmament gewandert ist, optisch *in* die Erde eintaucht. Geistige Kräfte werden materiell. Die Entsprechung des Westens ist der Herbst, die Zeit der Ernte. Deshalb verwende ich den Westen auch, um Visionen und Wünsche zu manifestieren.

Der Norden ist jene Himmelsrichtung, in der die Sonne (auf unserem Breitengrad) nie zu sehen ist. Gleichzeitig befindet sich hier aber der Polarstern, jener Mittelpunkt, um den der Himmel zu kreisen scheint. Der Norden ist mit dem Winter verbunden. Das Physische zieht sich zurück und gibt dem Geistigen Raum. Der Polarstern befindet sich hoch am Himmel, er ist ein geistiger Leuchtturm. Verwende daher die Ausrichtung nach Norden, wenn dein Ritual stark geistig thematisiert ist. Für mich ist es nicht nur der geistige Raum (im spirituellen Sinne), sondern auch eine Stufe tiefer das Mentale, also der Verstand. Wenn du dem folgen kannst, dann kannst du den Norden bei Ritualen nutzen, in denen es darum geht, etwas zu verstehen, ja, meines Erachtens auch Themen der Kommunikation werden vom Norden angesprochen.

Übung

Übernimm nicht einfach tabellarische Vorgaben! Erfahre die Himmelsrichtungen. Setze dich auf einer Wiese mit einem gewissen Weitblick in alle Richtungen jeweils für 15 Minuten, mit Blick in eine der vier Haupthimmelsrichtungen und notiere dir, wie sich diese für dich anfühlen.

Wenn du magst, kannst du so auch mit den Zwischenhimmelsrichtungen Südosten, Südwesten, Nordwesten und Nordosten verfahren.

Die Himmelsrichtungen und der Tierkreis

Mehrfach haben wir in diesem Buch schon das Analogiedenken geübt. Der Frühling entspricht dem Osten, der Sommer dem Süden, der Westen dem Herbst und der Norden dem Winter. Nehmen wir die vier Jahreskreisfeste, dann entsprächen diese den exakten Himmelsrichtungen. Also, die Frühlingstagundnachtgleiche entspricht dem Osten, die Sommersonnwende dem Süden, die Herbsttagundnachtgleiche dem Westen und die Wintersonnwende dem Norden. Nun sind diese Zeitpunkte zugleich der Beginn astrologischer Zeichen. Im Uhrzeigersinn laufend, haben wir im Osten beginnend den Widder. Ihm folgt der Stier im Südosten und die Zwillinge im Südsüdosten. Darauf folgt der Krebs im Südsüdwesten, der Löwe im Südwesten und die Jungfrau Westsüdwesten. Vom genauen Westen ab startet dann die Waage, ihr folgt im Nordwesten der Skorpion und dann der Schütze.

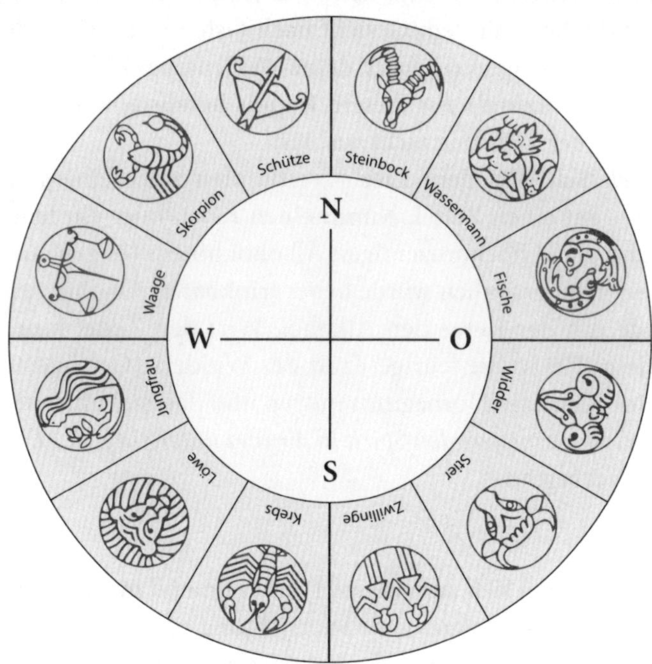

Abb. 13: Raumhoroskop zur geomantischen Verwendung.
Die Zuordnung der Tierkreiszeichen zu den Himmelsrichtungen

Im Norden beginnt der Steinbock, gefolgt vom Wassermann im Nordosten und schließlich den Fischen. Ich nenne dieses Rad das *Raumhoroskop*. Vertiefendes dazu kannst du meinem Buch »Das Haus als Spiegel der Seele« entnehmen.

Natürlich sind die Himmelsrichtungen nach dem Tierkreis auch rituell nutzbar, sonst müssten sie hier nicht erwähnt werden. In Tabelle 4 wurden die Tierkreiszeichen in ihrer Verbindung zu Lebensthemen wiedergegeben.

Widder ♈

Rituell eignet sich die Zeit des Widders für Rituale des Neubeginns und der Initiation. Der Frühlingsvollmond ist hierfür besonders geeignet. Untergeordnet sind auch alle Zeiten, in denen der Mond im Widder steht. Nutze dafür auch die Kraft des Feuers.

Beispiel: Verbinde dich mit dem, was in dir eines Neuanfangs bedarf. Wende dich mit dem Gesicht nach Osten (oder Ostsüdosten). Werde dir deines eigenen Feuers, deines Willens, das Ziel zu erreichen, bewusst und entzünde aus diesem Impuls heraus eine Kerze. Achte darauf, dass der Wind sie nicht ausbläst!

Beispiel: Schreibe dein Ziel – verbunden mit deinem inneren Wunsch – auf einen Zettel. Nimm einen Kelch oder ein feuerfestes Gefäß und gieße hochprozentigen Alkohol hinein (es geht auch Spiritus, aber ich persönlich würde lieber trinkbaren Alkohol nehmen). Entzünde mit der Kerze den Alkohol. Wirf den Zettel hinein und sende dein Ziel in die feurige Kraft des Widders (Ostsüdosten). Er wird seine Kraft des Neubeginns nutzen und das Ziel unterstützen.

Der Widder erneuert den Spirit in dir und unterstützt das Erwachen und den Neubeginn.

Stier ♉

Stierzeiten – wenn sich zum Beispiel der Vollmond im Stier befindet – und der Südosten als allgemeine Stierrichtung eignen sich wunderbar für Ritualthemen wie Sinnlichkeit, Annehmen lernen, Fruchtbarkeit, aber auch für das »Sonnenportal«, wenn sich die Sonne durch Plejaden und Hyaden hindurchbewegt und dadurch ihre Kraft erneuert.

Beispiel: Wenn du deine Fruchtbarkeit und Sinnlichkeit nähren und steigern willst, so wähle als Zeitpunkt den Vollmond im Stier. Suche dir eine Stelle mit offener, lockerer Erde oder halte zwei, drei Schubkarren lockere Erde bereit. Wende dich nach Südosten und werde dir deines Körpers bewusst, indem du mehrmals tief einatmest. Entkleide dich und lege dich auf die Erde. Bedecke deinen Körper mit der lockeren Erde. Atme nun tief die fruchtbare Kraft der Erde über alle Poren in dich hinein.

Beispiel: Wenn du eine Kraft in dir erneuern willst, werde dir bewusst, welche Kraft du erneuern möchtest und welcher Planet diese Kraft repräsentiert. Wenn du zum Beispiel Kommunikationsprobleme beheben willst, wähle Merkur, wenn du deine partnerschaftliche Beziehung erneuern willst, wähle Venus, für die Beseitigung von Kreativitätsblockaden wähle Mars, und so weiter.

Erkundige dich – am besten über ein Astronomieprogramm, – wann der jeweilige Planet das »Goldene Tor der Ekliptik«, das sich durch Plejaden und Hyaden im Stier aufspannt, passieren wird.

Wähle diesen Zeitpunkt für dein Erneuerungsritual:

Wende dich nach Südosten. Halte frische Erde bereit. Bringe sie im Garten oder einem Ort in der Natur aus. Halte Samen (am besten schnellwüchsiger Pflanzen, dem gewählten Standort entsprechend) bereit.

Nun male mit dem Finger ein Symbol für das, was du erneuern willst, in die ausgebrachte und planierte Erde. Dies können auch die entsprechenden Symbole der gewählten Planeten sein.

Streue die Samen darüber und drücke sie leicht an. Lass die Pflanzen und die Kraft der Erde deine Seelenaspekte erneuern. In den nächsten Wochen wird sich der Wandel vollziehen.

Der Stier führt dich in die Sinnlichkeit und das Annehmen von Besitz und Materie. Er erneuert deine Kraft mit Hilfe der Erde.

Zwillinge ♊

Möchte man die Kommunikation stärken oder einen Kontakt herstellen, eignet sich der Südsüdosten (Zwillinge) für ein Ritual, das in diese Himmelsrichtung hin ausgeübt wird. Dabei sollte das Luftelement mit einbezogen werden:

Beispiele:

- Worte auf Papier oder Blätter schreiben und nach Südsüdosten fortpusten.
- Die Sprache nutzen und in diese Himmelsrichtung hinaussprechen.
- Zwillingspaare einsetzen wie zum Beispiel zwei Hälften einer Kristalldruse, um über den Südsüdosten die Verbindung und den Kontakt zu stärken.

Die Zwillinge lassen dich geistige Zusammenhänge irdischer Vorgänge erkennen und verstehen.

Krebs ♋

Im Ritual eignet sich die Richtung des Krebses (Südsüdwesten) dazu, Familienthemen zu unterstützen – auch die der Wahlfamilien – oder die eigenen Gefühle zu klären. Nutze dazu das Wasserelement:

Beispiele:

- Nähre deine Familie, indem du fruchttragende Pflanzen im Südsüdwesten pflanzt und diese rituell mit Wasser begießt.
- Kläre deine Gefühle, indem du aufgewühltes, schlammiges Wasser in den Südsüdwesten stellst. Warte geduldig, bis der Schlamm sich gesetzt hat und schöpfe sachte das reine Wasser ab. Benetze damit die Gefühlszonen Brust und Bauch.
- Um eine geistig-seelische oder körperliche Schwangerschaft zu unterstützen, wasche dich in einem Bach mit Blick nach Südsüdwesten.

Der Krebs bringt dir deine Gefühle nahe und beschützt sie durch seinen harten Panzer.

Löwe ♌

Im Raumhoroskop ist der Löwe im Südwesten zu finden. Zeigt zum Beispiel die Eingangstüre der Wohnung oder des Hauses in den Südwesten, so ist der Lebensabschnitt, den man hier verbringt, geprägt davon, das Selbstbewusstsein und die Selbstbeherrschung zu erlernen. Das Leben wird unsere Kreativität herauskitzeln und uns erkennen lassen, dass wir selbst göttliche, ja gottgleiche Geschöpfe sind. Vielleicht werden wir aufgefordert, ja genötigt, eine Gruppe anzuführen oder zumindest deutlich zu dominieren.

Beispiele:

- Möchtest du rituell deine Vitalität stärken, so entzünde ein Feuer im Südwesten und nähre es beständig mit neuem Holz, sodass es höher und höher brennt.
- Entzünde in einem gleichseitigen Dreieck, das mit seiner Spitze nach Südwesten weist, an den Spitzen drei Feuer (achte darauf, dass das Dreieck groß genug ist, aber auch darauf, dass die Flammen zum Beispiel mit Steinen unter Kontrolle gehalten werden). Stell dich ins Zentrum des Dreiecks und verbinde die drei Feuerstellen im Uhrzeigersinn durch brennbare Flüssigkeit. Erlebe die Kraft des Feuers in dir. Brülle, um dein Selbstbewusstsein aufzubauen und zu stärken. Verweile, bis die Flammen niedergebrannt sind.

Der Löwe erweckt die Schöpferkraft in dir.

Jungfrau ♍

Möchte man die Verbindung zur Erde stärken oder gar die eigene Fruchtbarkeit anregen, so empfehlen sich Rituale mit dem Erdelement, die Richtung Westen ausgeführt werden:

Beispiele:

- Erschaffe eine Steinskulptur – am besten eine mütterliche Figur – und stelle diese in den Westsüdwesten deiner Wohnung.
- Lege dich mit dem Kopf nach Westsüdwest und bedecke deinen Körper mit Erde.
- Lege aus Steinen eine menschenähnliche Figur (Frau) in diese Himmelsrichtung und pflanze oder säe Samen von Pflanzen dazwischen aus. So wird die Jungfrau Fruchtbarkeit in die Welt bringen und auch dir schenken.

Die Jungfrau erweckt die Fruchtbarkeit.

Waage ♎

Möchte man seine Beziehung stärken oder Harmonie in das eigene Leben bringen, so eignet sich der Westnordwesten (Waage) für ein Ritual, das in diese Himmelsrichtung hin ausgeübt wird.

Beispiele:

- Gieße Wasser in ein Gefäß und sprich in das einfließende wirbelnde Wasser deinen Wunsch nach einer harmonischen Beziehung. Gieße sodann das Wasser in ein zweites identisches Gefäß – solange, bis beide Gefäße mit genau gleich viel Wasser gefüllt sind. Stelle beide wassergefüllten Gefäße in den Westnordwesten, wenn der Mond sich in der Waage befindet.
- Stell dich mit einer Person, mit der du dich rituell aussöhnen möchtest, mit Gesicht Richtung Westnordwesten. Sprecht nacheinander all das aus, was euch verletzt oder geärgert hat. Wartet einen Moment, dann dreht euch einander zu und blickt euch in die Augen. Versucht, euch im Herzen zu begegnen.

  Teilt einen Apfel in genau zwei Hälften und reicht euch gegenseitig eine der Hälften. Esst den Apfel gemeinsam auf.

Die Waage lässt dich dein Gegenüber verstehen und bringt Gegensätzliches in die Balance.

Skorpion ♏

Im Raumhoroskop steht der Skorpion im Nordwesten. Der Nordwesten lehrt dich das Loslassen und Schwächen in Stärke zu verwandeln.

Beispiele:

- Um Kontakt mit den Ahnen aufzunehmen, beziehe den Nordwesten in das Ritual mit ein: Wende dem Nordwesten deinen Rücken zu. Denke an eine verstorbene Person und stell dir vor, wie du am Hinterhaupt (dort, wo die Wirbelsäule in den Schädel tritt, das ist die Medulla oblongata) ein Türchen öffnest. Blicke durch dieses geöffnete Portal in die jenseitige Wirklichkeit, und du erhältst Kontakt.
- Um eine Schwäche in eine Stärke zu verwandeln, schreibe deine Schwäche auf einen Zettel. Verbrenne diesen. Nimm die Asche und löse sie im Wasser auf. Gieße das Wasser im Nordwesten in die Erde, markiere den Ort und warte ab, was im Frühjahr dort wächst.

Der Skorpion ist die Kraft des Wandels und der Transformation. Er lässt dich die kosmischen Gesetze hinter der physischen Welt erkennen.

Schütze ♐

Willst du die Kraft des Schützen rituell nutzen, so bieten sich dafür vor allem Feuerrituale an. Im Raumhoroskop befindet sich der Schütze im Nordnordwesten.

Beispiel:

- Um neue geistige Impulse zu erhalten, wende dich am Ende der Schützezeit, zur Wintersonnwende gen Norden (Nordnordwest). Werde still und begib dich in deine Mitte. Suche in dir dein ureigenstes Zentrum. Stelle dir vor, wie sich dein Scheitelchakra öffnet und du dich zum Zentrum unserer Galaxie ausrichtest.

  Dann entzünde ein Feuer: eine Kerze, ein Holzfeuer… und rufe damit die Kraft der Inspiration und Erkenntnis zu dir.

Der Schütze ist die Kraft der Erkenntnis und des Sinns. Er lässt dich die Sinnhaftigkeit hinter dem alltäglichen Lebenszyklus erfahren.

Steinbock ♑

Der Nordnordosten eignet sich wunderbar, um die Weisheit und das Bewusstsein der Erde zu erfahren:

Beispiel:

- Nimm einen Samen. Besonders geeignet sind Pflanzen, die eine große Knolle bilden. Die Kartoffel als Erdfrucht ist ebenso sehr gut geeignet. Am besten aber wirkt die chinesische Yamswurzel, die auch Lichtwurzel genannt wird. Sie ist von der Lichtkraft durchdrungen. Stelle dich mit dem Gesicht Richtung Nordnordosten in den Garten (oder auf eine Waldlichtung). Hervorragend eignet sich die Zeit zwischen Wintersonnwende und Weihnachten.

  Werde still und gehe – mit Blickrichtung Nordnordosten – in deine innerste Mitte. Lasse von dort in deiner Visualisierung Wurzeln aus Licht tief in die Erdenmitte wachsen. Verbinde dich über sie mit dem Bewusstsein der Erde.

  Nun säe deinen Samen und pflanze deine Lichtwurzel. Sprich dazu: »Über dich verbinde ich mich mit dem Licht der Erde!«

Dieses Ritual wird dir eine kraftvolle Verbindung zum Erdbewusstsein geben.

Der Steinbock ist die Kraft der Ausdauer, der Geduld und der Weisheit der Erde.

Wassermann ♒

Der Wassermann ist im Nordosten präsent. Rituell ist der Wassermann sowohl mit der Luft als auch dem Wasser in seiner verbindenden und erneuernden Kraft verbunden. So ist es gut, beides in die Rituale einzubeziehen.

Beispiele:

- Um Erneuerungsimpulse zu stärken, wende dich nach Nordosten. Werde dir zunächst der Starre in deinem Leben bewusst, die überwunden werden will. Forme dieses starre Prinzip symbolisch als kleinen Lehmklumpen. Wenn du bereit bist, es loszulassen, so wirf den Klumpen in ein Gefäß mit Wasser. Zerbrösele ihn darin und löse ihn ganz auf.

  Schütte das Wasser mit Schwung in den Nordosten. Sodann rufe die Kraft der Veränderung herbei. Nutze dazu mit der Sprache das Luftelement. Rufe zum Beispiel:

  »Ich rufe die Kraft der Veränderung!
  Ich rufe die Kraft des geistigen Aufbruchs!
  Ich rufe die Kraft der spirituellen Erneuerung!«

  Werde still und schreibe dir die ersten auftauchenden Ideen und Eingebungen auf, denn sie können flüchtig sein.
- Darüber hinaus eignen sich Zeiten, in denen der Mond im Wassermann steht, besonders für die rituelle Steigerung der Intuition, die spirituelle Erneuerung und Entwicklung, die Stärkung der Kreativität (zum Beispiel um Kreativitätsblockaden zu lösen) und um in das »kreative Chaos« einzutauchen.

Der Wassermann bringt die geistige Erneuerung und bindet damit zurück an die Lebenskräfte.

Fische ♓

Rituell eignen sich Zeiten, in denen der Mond in den Fischen steht, sehr gut dafür, Emotionen zu klären und mystische Erfahrungen zu erleben. Die Richtung der Fische ist der Ostnordosten.

Beispiele:

- Stelle eine Schale Wasser vor dich in den Ostnordosten und blicke hinein. Erkenne dein Spiegelbild im Wasser. Sieh dir in die Augen und nimm wahr, welches Selbstbild von dir du in dir trägst.

  Werde dir dieses Selbstbildes bewusst.

  Wenn du bereit bist, zerstöre es, indem du es mit einem Stock verwirbelst und so das Spiegelbild zerstörst. Schütte das Wasser in den Ostnordosten, bevor es sich wieder beruhigt und mit ihm das symbolisch zerstörte Selbstbild.

  Sei nun bereit, aus der Himmelsrichtung deinen wahren inneren Kern gezeigt zu bekommen.

  Kraftvoller wird dies, wenn du das Ritual kurz vor Sonnenaufgang praktizierst und dich vom Licht der aufgehenden Sonne erleuchten lässt.

Die Fische lassen dich die Grenzen der Stofflichkeit überwinden. Als Verbindung bleibt das Band der Liebe.

Der Raum um dich

Eine innere oder äußere Ausrichtung bedarf nicht zwingend einer absoluten Himmelsrichtung. Wenn wir uns der Mitte zuwenden und einer gestalteten Mitte (siehe unten) Aufmerksamkeit schenken, ist es im Grunde egal, in welcher Richtung wir von der Mitte aus stehen. Auch der Raum um uns hat seine Eigenqualitäten. Wir können uns im Ritual bewusst einem sichtbaren Berg, einem großen Baum, einem See oder einer offenen Ebene zuwenden, ohne dabei die Himmelsrichtung zu meinen, in die wir blicken. Es kommt auf unsere *innere* Ausrichtung an. Sie entscheidet, was gemeint ist. Oder anders ausgedrückt: *Die Energie folgt der Absicht.*

Lade in einem Ritual also die Kraft eines Berges ein oder die Stille eines nahen Sees, die Verwurzelung eines Baumes und so weiter – ganz gleich, in welcher Himmelsrichtung diese sich befinden.

Die Heilige Mitte im Ritual

Das erste Bedürfnis des Menschen in der Welt war das nach Orientierung. Orientierung aber – so der Religionswissenschaftler Mircea Eliade – »setzt einen festen Punkt voraus. Deshalb war der religiöse Mensch bemüht, sich im ›Zentrum der Welt‹ einzurichten.« Und so schuf der Mensch den »Nabel der Welt«, den »Omphalos«. Wie wichtig das Bedürfnis nach einer Mitte ist, zeigen schon die Wortstämme der Wörter »Meditation« und »Medizin«. Ohne Mitte keine Heilung, keine Welt; ohne Mitte herrscht Chaos.

Diese Funktion der heiligen Mitte ist auch im Schamanismus sehr bekannt. Wenn wir also die Himmelsrichtungen betrachten und mit ihnen arbeiten, dann nehmen diese immer Bezug auf die Mitte. Von dort, wo wir sind, spannt sich die Welt in alle Richtungen auf, und gleichzeitig konzentrieren sich in der Mitte alle Dinge der Welt. Damit ist die Mitte immer ein Abbild des Makrokosmos, das uns mit allem, was es gibt, verbinden kann.

Im Schamanismus wird die Mitte in der Regel von der Mesa, dem Altar eingenommen, auf dem sich die Geister der Himmelsrichtungen versammeln. Die Mitte ist jener Punkt, in dem sich die sechs Himmelsrichtungen vereinen: der Osten, der Süden, der Westen, der Norden, das Oben (der Himmel) und das Unten (die Erde). Es ist jener magische Kumulationspunkt, in dem die Schöpfung eins ist. Damit wird durch die Mitte ein heiliger Raum geschaffen, der dem ganzen Ritual Halt und Ordnung verleiht.

Wenn ich eine rituelle Mitte aufbaue, so setze ich in der Regel zuerst die Axis Mundi, die Weltenachse – symbolisiert im Weltenbaum, der meist durch einen Strauß Blumen verortet wird. Sodann setze ich in den Himmelsrichtungen darum herum vier Kugeln, die für die vier Elemente stehen. In der von mir verwendeten Zuordnung liegt im Osten das Feuer (der Spirit), im Süden das Wasser (die Lebensfreude),

Abb. 14: Persönlicher Aufbau einer Mitte für ein Seminar

im Westen die Erde (Materie) und im Norden die Luft (das Mentale). Ich bin mir bewusst, dass es auch andere Zuordnungen gibt, die sich zum Beispiel nach klimatischen Faktoren ausrichten, etwa das Feuer im Süden. Ich setze die Kugeln systemisch und drehe sie, bis diese die Kraft der Himmelsrichtung halten. Im nächsten konzentrischen Kreis liegen vier Ritualobjekte, die ich dauerhaft nutze: Im Osten (Feuer) eine entzündete Kerze, im Süden Zimbeln (Klang verhält sich wie Wasser), im Westen steht die Räucherschale mit Sand (Erde) gefüllt und später mit Asche bedeckt – sie ist eine besondere Ehrenbezeugung an die Erde, im Norden liegt die Räucherfeder (Luft).

Sodann rufe ich den Geist und die Kraft der vier Himmelsrichtungen herein, wie ich dies bereits dargestellt habe. Dabei wende ich mich mit der Räucherschale der Himmelsrichtung zu und wedele mit der Feder Rauch in diese Richtung. Ich wende mich wieder der Mitte zu und rufe den Geist und die Kraft des Himmels und schließlich der Erde und des Ortes, an dem ich arbeite, und bitte um Unterstützung.

Nun umrunde ich mit dem Rauch die Mitte dreimal: einmal unmittelbar um die Mesa, einmal um den Teilnehmerkreis und einmal – wenn in einem Innenraum zelebriert – an den Wänden des Raumes entlang, und wenn ich die Mitte im Freien aufbaue, einfach in einem letzten großen Kreis. Nun ist der heilige Raum eröffnet!

Das schöpferische Ritual

Wir haben nun die einzelnen Elemente, die Träger der Kraft kennengelernt: den Menschen, den Ort, die Gegenstände, die Handlung, das Wort, die Zeit und die Blickrichtung. Um aus den Ritualfragmenten ein schöpferisches Ritual zu machen, bedarf es eines gemeinsamen Gefäßes, das durch die drei Ritualaspekte Absicht, Gefühl und Handlung geformt wird. Durch das so geborene schöpferische Ritual wird ein neuer Impuls gesetzt. Er entspricht einer Weihung oder Geburt. Das schöpferische Ritual ist eine machtvolle Energie, die die Wirklichkeit verändert.

Übersicht: Das schöpferische Ritual

1. Ziel/Vision
2. Wunsch, das Ziel zu erreichen
3. Eine Beziehung zum Ziel über ein Bild und Gefühl (Wundergefühl)
4. Träger der Kraft, die symbolisch für dich mit dem Erreichen des Zieles zu tun haben
5. Die Präsenz und Aufmerksamkeit im Wunsch und mit dem Ziel verbunden, die Handlung zu vollziehen
6. Das Loslassen
7. Der Dank

Sehen wir uns die verschiedenen Phasen im einzelnen an. Rituale können formlos-intuitiv wie im Schamanismus bis drehbuchartig-hochkomplex sein wie in der Ritualmagie. Beide Pole haben ihre Stärken und ihre Schwächen. Ein vorgegebener Ritualablauf kann einerseits helfen, die Konzentration zu halten und nicht an den »nächsten Schritt« denken zu müssen, wodurch man geistig ganz bei der rituellen Handlung verweilen kann. Andererseits bergen häufig zelebrierte Ritualabläufe die Gefahr, dass der Ablauf zur Routine wird, sodass die Gedanken abzuschweifen beginnen. Kulturell vorgegebene Ritualabläufe wiederum geben die Möglichkeit, sich an das bereits bestehende »morphogenetische Feld« anzuknüpfen, können aber auch, wenn das Verständnis der Handlung verlorengeht, hohl und leer erscheinen und damit als Brücke zum zu erreichenden Ziel untauglich werden.

Ich persönlich pendle zwischen häufig zelebrierten, relativ festen Ritualabläufen und dem aus dem Augenblick heraus geschaffenen Ritual. Letzteres hat meines Ermessens eine sehr viel stärkere innere Präsenz zur Folge, wodurch sich auch die Wirkung verstärkt. Grundsätzlich kann man nahezu jedes Ritual in folgende Teilabschnitte gliedern.

1. Ziel/Vision

Vor dem Ritual, ja, vor der Ritualgestaltung, sollte das Ziel des Rituals klar und präsent sein. Dafür sollte man sich Zeit lassen: Was will ich wirklich? Mache dazu die Übung von Seite 11.

2. Wunsch, das Ziel zu erreichen

Der Wunsch, der klare Wille, dieses formulierte Ziel auch zu erreichen, ist unabdingbare Voraussetzung für ein funktionierendes Ritual. Dabei gilt die bekannte Ermahnung: »Bedenke wohl, worum du bittest, es könnte dir erfüllt werden.«

3. Die Beziehung zum Ziel über ein inneres Bild und Gefühl

Es unterstützt das Ritual, ein klares Gefühl für das zu verwirklichende Ziel zu haben. (Wie soll es sich anfühlen, wenn sich das Ziel verwirklicht hat?) Stelle dir dazu die Wunderfrage (Seite 12). Ein inneres Bild kann als »Anker« für dieses Gefühl dienen, ebenso natürlich verwendete Ritualobjekte, die symbolisch für das zu erreichende Ziel stehen. Diese »Brücken« oder »Anker« dienen aber im wesentlichen dazu, den Willen und das Gefühl ausgerichtet zu halten.

4. Die Handlung: Träger der Kraft, die symbolisch für dich mit dem Erreichen des Zieles zu tun haben

Das Hauptaugenmerk im Ritual richtet sich meist auf die Handlung. Die rituelle Handlung ist eine geistig fokussierte Tat, ein gelebtes Symbol, das nicht Selbstzweck ist, sondern stets mit den einbezogenen geistig-seelischen Kräften im unterstützenden Einklang stehen sollte. Vor allem aber hilft die Handlung dem Menschen dabei, während der Zeit des Rituals seine geistige Ausrichtung aufrecht zu halten.

Die Handlung beinhaltet die Träger der Kraft: Taten, Worte, Gegenstände, den Ort, die Blickrichtung und Zeitqualität und so weiter, die symbolisch für dich mit dem Erreichen des Zieles (oder mit Teilabschnitten des Weges dorthin) zu tun haben. Bei all diesen Trägern der Kraft sollte über das Zielgefühl (Wunderfrage) eine deutliche Verbindung spürbar sein. Nutze keine Objekte, nur, weil sie »schick« sind! Die Gesten und verwendeten Gegenstände sollen dir helfen, deine Aufmerksamkeit fokussiert zu halten und Einzelaspekte seelisch-geistiger oder energetischer Natur, die für das Erreichen des Zieles notwendig sind, systemisch präsent zu halten, ohne dass du alle Faktoren in deinem Bewusstsein halten musst.

5. Präsenz und Aufmerksamkeit

Wesentlicher Faktor der rituellen Handlung ist natürlich der Mensch, der durch seine innere Ausrichtung, seine Motivation oder schlicht durch seine Präsenz das Ritual positiv oder negativ beeinflusst.

Das bedeutet, dass während des eigentlichen Ritualablaufs die Handlung in beständiger Präsenz und Aufmerksamkeit sowie in innerer Verbindung zum gewünschten Ziel vollzogen wird.

Bedenke: Die Handlung ist in gewissem Sinne unumkehrbar und daher alles andere als beliebig.

6. Das Loslassen

Nach Abschluss des Rituals sollte die Aufmerksamkeit und die Ausrichtung auf das Ziel losgelassen werden. Diese geistige Entspannung trägt zum Erreichen des Zieles unmittelbar bei. Zudem signalisiert es »dem Universum«, »den Spirits«, oder wie auch immer man die helfenden Kräfte nennen mag, das eigene Vertrauen in ihre Kraft und unterstützende Arbeit.

Mit dem Loslassen ist natürlich auch der Abbau der Ritualgegenstände verbunden. Spüre der Kraft des Rituals ruhig noch einen Moment nach und nimm dann – ebenso aufmerksam und respektvoll – alle gesetzten Objekte wieder weg, insofern diese nicht von der Erde aufgenommen wurden, wie zum Beispiel rituell verschüttetes Wasser.

Wenn du einen rituellen Aufbau länger stehen lassen willst, zum Beispiel über Nacht, so sorge dafür, dass niemand unabsichtlich in deinen geschaffenen heiligen Raum hineinstolpert.

7. Der Dank

Nach Erreichen des Zieles ist ein Dank oder gar ein Dankesritual (wobei der Dank an sich im Sinne der einleitenden Sätze ja eigentlich schon eine rituelle Tat darstellt) eine Selbstverständlichkeit. Er sichert das weitere Vertrauen und die Zusammenarbeit mit den wohlmeinenden Kräften.

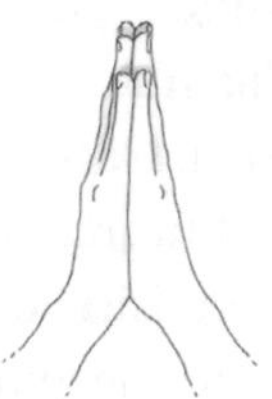

Dein erstes selbstgestaltetes Ritual

Nun ist es Zeit für dein erstes selbstgestaltetes Ritual. Bis hierher wurden dir schon etliche Beispiele und Teilausschnitte aus Ritualen vorgestellt und im Folgenden wird es noch weitere Beispiele geben. Vielleicht hast du aber auch schon Ritualerfahrung?

Also, zurück auf Anfang:

1. Ziel und Absicht

Setze dich entspannt hin und spüre nach, was dich ruft. Zu welchem Zweck möchtest du ein Ritual machen? Was möchtest du in die Welt holen? Hast du schon ein Gefühl dazu, wie es sich anfühlt? Bist du dir sicher, dass du das Ziel erreichen willst?

2. Wunderfrage und Zielgefühl

Werde dir deines Ist-Zustandes bewusst. Nun stelle dir vor, du gehst heute Nacht ins Bett und über Nacht kommt dein Geistführer, dein Helferspirit, die gute Fee… und erfüllt dir deinen Wunsch. Wenn du morgen aufwachst, ist das Wunder geschehen und das, was du in die Welt holen wolltest, ist da. Wie fühlt sich das an? Wo fühlst du dies im Körper am stärksten? Gehe an diese Körperstelle: Taucht ein Bild auf, eine Form, eine Farbe, ein Symbol, das das Gefühl in sich trägt? Oder anders gefragt: Wenn du dieses Ziel- oder Wundergefühl zeichnen, malen oder modellieren solltest, wie würde es aussehen? Dies ist dein Ankerbild. Das Zielgefühl ist jener Zustand, den du mit deinem Ritual erreichen willst. Es ist dein Leuchtturm, dein Kompass, mit dem du nun alle anderen Träger der Kraft finden wirst.

3. Finde die Träger der Kraft

a) Der Mensch

Wird das Ritual durch dich durchgeführt oder seid ihr ein Team? – Dann achte auf Einigkeit!

b) Der Ort
Spüre das Wundergefühl. Atme in diese Körperregion und dehne es aus. Weiter und weiter. Gibt es einen Ort in deinem Umfeld, der ruft, der in Resonanz geht? Lasse dir Zeit. Der Ort sollte in dir ein Gefühl erzeugen, das so nahe wie möglich an das Zielgefühl heranreicht. Du kannst das Ritual in deinem Wohnzimmer zelebrieren (wenn es sich stimmig anfühlt) oder du kannst einen Ort in der Natur aufsuchen (wenn es sich stimmig anfühlt).

c) Die Gegenstände
Welche Gegenstände fühlen sich zu deinem Zielgefühl stimmig an? Brauchst du irgendeine Kerze oder muss sie eine bestimmte Größe und Farbe haben? Was sagt dein Gefühl? Ggf. willst du auch *d) Die Handlung* zuerst bestimmen und daraus die Gegenstände ableiten…

Nutze die Kraft der Assoziation.

d) Die Handlung
Wie sieht die rituelle Handlung aus? Was ist notwendig? Lasse dich gegebenenfalls noch einmal von der Tabelle 3 über rituelle Handlungen inspirieren. Führe physisch aus, was du energetisch, seelisch oder geistig erreichen willst oder was du manifestieren möchtest. Wenn du trennen willst, zerteile, wenn du reinigen willst, wasche und so weiter. Spüre auch nach, welche Gegenstände dafür jeweils die geeignetsten sind.

e) Die Worte
Welche Worte möchtest du an welcher Stelle sagen? Formuliere diese klar und positiv! Möchtest du sie laut aussprechen oder in Gedanken?

f) Der Zeitpunkt
Welcher Zeitpunkt trägt die Kraft in sich, dein Ziel rituell zu unterstützen? Wie lange kannst du auf den »perfekten Augenblick« warten? Suche dir eine passende Mondphase, den stimmigen Wochentag, errechne die unterstützende Ritualstunde und wähle ein astronomisches oder meteorologisches Ereignis. Oder spüre der Kraft des *Jetzt* nach.

g) Die Blickrichtung
Welche Richtung ist mit deinem Wundergefühl verbunden? Wenn du magst, drehe dich mit geschlossenen Augen langsam im Kreis und fühle, welche Richtung am ehesten mit deinem Zielgefühl verbunden ist. Oder gibt es einen Ort (b), wo du zu Landschaftselementen blickst, während du das Ritual zelebrierst?

4. Suche dir zusammen, was du brauchst
Manchmal kann das ein paar Tage dauern, manchmal ist das gut, was greifbar ist.

5. Führe das Ritual durch
Lege alles bereit und führe das Ritual durch wie geplant.
- Sorge dafür, dass du ungestört bist.
- Verbinde dich dazu noch einmal über dein Ankerbild mit jenem Zustand, den du erreichen willst. Werde dir des Ablaufs bewusst.
- Vollziehe das Ritual in voller geistig-seelischer Präsenz.
- Ändere spontan ab, wenn dir das stimmig erscheint.

6. Lass es nachklingen
Wenn du das Ritual beendet hast, lass es eine Weile nachklingen. Warte, bis der Impuls kommt, wieder ins Profane zu gehen.

7. Lass los
Sei dir bewusst, dass dein Impuls gesetzt ist. Lass nun los!

Räume die Ritualgegenstände auf. Übergib Naturmaterialien gegebenenfalls wieder der Erde. Wirf sie nicht einfach so auf den Müll. Sie haben dir gedient. Sei respektvoll.

8. Der Dank
Wenn das Ereignis, das du initiieren wolltest, in dein Leben tritt, sage »Danke«! Vielleicht magst du sogar speziell dafür ein kleines Dankesritual zelebrieren?!

Segenskraft

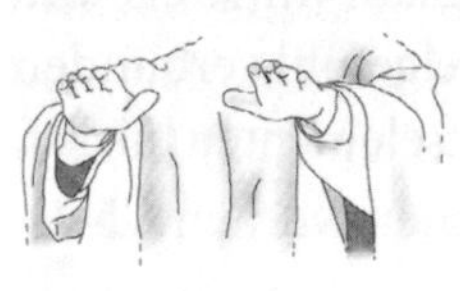

Die Kraft des Segens findet sich in der einen oder anderen Version in jeder Kultur. Sehr unterschiedlich ist die soziale »Erlaubnis«, wer Segen spenden darf und wer nicht. Nichtsdestotrotz wird die Fähigkeit, Segen zu spenden, grundsätzlich jedem Menschen zugesprochen.

Aber der Reihe nach. Das deutsche Wort »Segen« leitet sich ab von althochdeutschen *segan* oder *segin*, was seinerseits aus dem Lateinischen entlehnt ist und vom Wort *signum* für »Zeichen« abgeleitet wurde. Der Segen ist in diesem Wortsinn eine symbolische Geste, die zu einer Brücke wird, über die »göttliche Kraft« oder »Gnade« auf eine Person oder ein Objekt übertragen wird. Im erweiterten Sinne kann der Segen aber zum Beispiel auch durch ein Wort übertragen werden. Das lateinische Wort *benedictio* für Segen meint *bene* (= »gut«) und *dicere* (»sagen«), also so viel wie »gut sprechen«. Der Segen wird als eine Kraft verstanden, die von einer Quelle ausgehend – im christlichen Verständnis »Gott« – über die Segenshandlung übertragen wird und positive Wirkung hat: Fruchtbarkeit, Wohlstand, Gesundheit und vieles mehr.

Da der Segen als Kraft sozusagen aus einer Urquelle kommt, ist zwar prinzipiell jeder Mensch befähigt, die Segenskraft zu übertragen, aber es ist ihm nicht zwangsläufig erlaubt, dies zu tun. Schon im christlichen Verständnis gibt es hier je nach Konfession starke Unterschiede: Im Mittelalter war es unter dem Einfluss der katholischen Kirche dem Laien verboten, Segen zu spenden. Dies war als Sakrament ausschließlich dem geweihten Priester vorbehalten. Noch im 17. Jahrhundert gab es in Württemberg Gesetze gegen »Medikaster und Segensprecher, Zauberer, Wahrsager und Teufelsbeschwörer«, mit denen man darauf abzielte, dass das »hochverpoente und verdammliche Laster des Segensprechens ganz ausgerottet werde«.

Die protestantische Kirche sieht dies anders. Der Pfarrer bittet Gott um Segen, oft über die einfache Formel: »Gott segne dich.« Es gleicht einem Gebet, einer Bitte, die allen Menschen zugänglich ist. Man beruft sich dabei auf die Schöpfungsgeschichte, bei der durch das hebräische Wort *barach* (hebr. ברך), der Segen Gottes sozusagen am Anfang der Schöpfung steht: »Gott segnete sie und sprach: ›Seid fruchtbar und vermehrt euch und bevölkert das Wasser im Meer und die Vögel sollen sich auf dem Land vermehren‹.« (Gen 1,22) Der Segen wohnt damit aller Natur inne. (Strenggenommen wurden alle lebenden Wesen zu »Segensobjekten« gemacht.)

Im hinduistischen Segensritus des Feuergebets gilt die innewohnende Kraft des Feuers als Segensquelle. Indem die Hände über eine Flamme gehalten werden, kann die Segenskraft übertragen werden. Asche aus dem Feuer, mit rotem Pulver vermischt, wird als »Segenspunkt« auf die Stirn gemalt.

Im Schamanismus sind die Quelle der Segenskraft oft die Ahnen oder allgemeiner die Spirits, die Geister. Auch hier kann die Kraft durch Gesten, Worte und Handlungen in unterschiedlichen schamanischen Segensritualen, die letztlich auch dem christlichen Segen gar nicht unähnlich sind, übertragen werden.

Wir können die Segenskraft metaphorisch also durchaus wie eine Kraft – wie zum Beispiel Elektrizität – verstehen. Sie lässt sich aus einer Urquelle ableiten, weiterführen, übertragen und sogar in Objekten speichern. Hier bildet der Segen den Übergang zur Weihung, die ohne die Segenskraft nicht zu verstehen wäre. Die Segenskraft wird sozusagen in ein Kraftobjekt hineingelenkt und dort – mehr oder minder dauerhaft – verankert. Von nun an ist das Kraftobjekt selbst – wie eine Batterie – die Brücke für die Segenskräfte. Eine Berührungsreliquie zum Beispiel ist sogar befähigt, andere Objekte (meist gleichen Typs) mit der Segenskraft zu »infizieren«. Die Segenskraft ist hier gleichsam viral. Die Kunst der Erstellung von Segensobjekten ist damit fundamentaler Bestandteil spirituell-religiöser Rituale, unabhängig von Kultur und Religion. Egal, ob die Segenskraft ins Wasser übertragen (Weihwasser), in Ritualgegenstände überführt (Feder, Trommel...) oder zum Beispiel in Lebensmitteln verankert und anschließend aufgenommen wird (Hostie), ein Objekt dient als dauerhaftes oder temporäres Speichermedium der Kraft, insofern diese nicht unmittelbar an Menschen, Tiere und Pflanzen übertragen wird (Fruchtbarkeitssegen, Erntesegen, Heilungssegen und dergleichen mehr). Im letzteren Falle ist es der segensspendende Mensch, der vorübergehend die Kraft in sich aufnimmt.

Die Frage dabei ist lediglich, wie gut der ausübende Mensch befähigt ist, die Kraftquelle zu kontaktieren, und ob er ausreichend methodisches Wissen besitzt, die Segenskraft nicht nur durch sich hindurchzuleiten, sondern auch dauerhaft in Objekten zu verankern. Menschen, die dies außergewöhnlich gut können, werden vielfach als Heilige verehrt.

Durch die Aufnahme der Segenskraft verwandelt sich das gewählte Objekt in einen Kraftträger. Dabei kann die Segenskraft allgemein förderlich ausgerichtet sein oder sehr speziell, um zum Beispiel die spirituelle Entwicklung zu fördern, Wahrnehmungskanäle zu öffnen, zu initiieren oder Heilungsimpulse zu fördern und dergleichen mehr. Symbolisch gesehen, wird das Objekt dadurch sozusagen aus dem Profanraum herausgenommen. Dies ist der Grund (und nicht etwa eine notwendige Funktionalität), warum Kraftobjekte oft liebevoll und aufwendig geschmückt werden. Kostbare Edelsteine zum Beispiel können zwar bestehende innewohnende Kräfte lenken, sind aber – insofern sie nicht selbst zu einem Segensobjekt transformiert wurden – eher Schmuck, um die Außergewöhnlichkeit des Kraftobjektes zu betonen und es damit deutlich aus dem profanen Alltagsgebrauch herauszustellen.

Kraft- und Segensobjekte haben in allen Kulturen ihre feste Stellung, da sie als dauerhafte Brücken zur Segensquelle wahrgenommen werden, als offene Portale, durch die letztlich die Urkraft des Lebens selbst in unsere Wirklichkeit hineinströmt.

Ethik der rituellen Arbeit

Ich habe ein nicht-dualistisches Weltbild. Der Begriff der »Schwarzen Magie« entspringt dagegen dem dualistischen Denken und ist zudem als Kampfbegriff der Kirche gegen naturrituelle Praktiken verbreitet worden. Wenn man das liest, kann man schnell der Auffassung sein, Schadmagie beziehungsweise Rituale mit schädigender Absicht gibt es nicht. Aber natürlich gibt es sie. Schadmagie ist im schamanischen Kontext, im afrikanisch-südamerikanischen Voodookult, ja auch bei uns in Mitteleuropa leicht belegbar. Ich selbst bin Menschen begegnet, die Schadmagie bewusst einzusetzen bereit sind.

Doch die Trennung in Gut und Böse bewirkt stets, dass man sich selbst auf der guten Seite wähnt und seine Handlungen dadurch rechtfertigt, auch wenn sie ethisch gar nicht so unproblematisch sind. Schnell werden rituelle Handlungen mit Blut als dunkel und schwarzmagisch abgekanzelt und harmlos erscheinende Schutzrituale zur Bannung »böser Geister« als ethisch unproblematisch gesehen. Und genau hier liegt meine Problematik: Durch die scheinbar offensichtliche Einteilung in Gut und Böse werden wir nicht zum Innehalten angeregt, eigene Motive und Ritualformen zu hinterfragen.

Gut gemeint ist aber sehr oft das Gegenteil von gut. Häufig trügt die äußere Ritualform. Das Fremdartige gaukelt uns ein Bild vor, das wir in eine Schublade packen können. Wir sehen eine gehörnte Gestalt auf einem rituellen Altar und assoziieren das christliche Bild des Teufels. Wir hinterfragen nicht mehr, wir urteilen. Doch der Gehörnte (Pan, Cernunnos und andere) ist in einer vordualistischen Betrachtung alles andere als böse. Wir sehen Blut auf einem Ritualstein und assoziieren ein grausiges Blutopfer. Wir haben nicht gesehen, dass das Blut vom Durchführenden des Rituals selbst stammt. Wir sehen einen katholischen Priester, der offenbar Wasser segnet, um es in Weihwasser zu transformieren. Die lateinisch gesprochenen Worte Exerciso te, creatura aquael – »Ich treibe dich aus, Wasserwesen!« hören oder verstehen wir dabei nicht. Der Segen wird als gut verstanden, obwohl eine innewohnende Geisteskraft gebannt und vertrieben wird.

Ethisches Handeln bedarf des beständigen kritischen Überprüfens. Die wichtige Grundfrage dabei ist: Was ist mein zugrundeliegendes Weltbild? Nach diesem – meist gar nicht hinterfragten – Grundgedanken, wie die Welt aufgebaut sei, werden Handlungen vollzogen. Unser Denken führt zu Taten. Es geht hier nicht darum, diese Grundweltsicht jeweils als richtig oder falsch darzustellen, doch die eigene Weltsicht muss dem Handelnden bewusst sein. Erst an ihr als Maßstab kann ich mein ethisches Handeln messen.

Ein Beispiel aus meinem eigenen Erleben: Bei der geomantischen Gestaltung eines Platzes geschah es, dass die Arbeit des Tages jeweils in der Nacht zerstört wurde. Mal waren es Tiere, die gesetzte Pflanzen ausgruben, mal der Wind, der etwas umriss, mal Kinder, die im Spiel zerstörten, mal Unfälle, die das Tagwerk zunichtemachten. Das führte natürlich zum Innehalten. Unweit des Platzes nahm ich ein mächtiges, sehr dunkel erscheinendes Wesen wahr. Seine einzige Absicht schien darin zu bestehen, die geomantische Gestaltung, die von mir als notwendig empfunden wurde, zu zerstören.

Ich bannte es, baute eine Schutzzone, doch dadurch war nun die Energetik des Platzes beeinträchtigt. Nach langem Ringen gab ich den Widerstand auf. Meine dualistische Betrachtung – hier die wohlmeinende geomantische Installation, dort die zerstörerische Wesenskraft – war aufgezehrt. Ich setzte mich zu dem dunklen Wesen und fragte nach: Was willst du? Was brauchst du? Doch als Antwort kam stets ein immenser Zerstörungsimpuls. Ich war verzweifelt.

Dann plötzlich wurde es mir klar: Das Wesen, der »Schwarze Engel«, war der Verfall, der Tod, die Zerstörung. Es hatte sein Anrecht in der Natur. Ohne Zerfall kein neues Leben. Diese Einsicht änderte alles! Ich ließ das Wesen sein Zerstörungswerk verrichten, ehrte es dafür und errichtete auf der Ruine eine völlig neue geomantische Gestaltung.

Unser Denken bestimmt unser Handeln.

Fragen für die kritische Betrachtung der eigenen rituellen Arbeit können sein:

- Was ist mein zugrundeliegendes Weltbild?
- Was ist die Grundlage meiner Absicht?
- Warum ist das Ritual erforderlich und was soll es bewirken?
- Bediene ich mich mit dem Ritual anderer Kräfte als der meinen?
- Woher kommen diese?
- Werden sie freiwillig gegeben?
- Habe ich darum gebeten?
- Was erhalten die, die die Kräfte geben, dafür?
- Was ist ihre Motivation?
- Will ich das geben, was sie fordern?
- Gibt es etwas, das durch das Wirken der Kräfte Schaden nimmt?
- Wer war zuerst da?
- Gibt es im Konfliktfall zwischen zwei Kräften oder Wesen einen Weg des gemeinsamen Lebens und Wirkens?
- Wo gibt es im Konfliktfall das geringere Leid, die schnellere Heilung?
- Bin ich der oder die Richtige für diese Arbeit?

Diese Fragen sind nicht immer leicht zu beantworten. Es gibt Situationen, die ohne ein Leidenselement leider nicht gelöst werden können. Manchmal muss man unangenehme Entscheidungen fällen. Doch auch in diesem Falle lohnt es, sich die Frage zu stellen, ob jemand anderes es vielleicht doch besser hinbekommen könnte.

Ethisches Handeln lässt sich nur sehr oberflächlich in feste Regeln pressen, denn Ethik verlangt stets die Beachtung der konkreten individuellen Situation. Maßgebliches Werkzeug ist, zu hinterfragen und die Bereitschaft, vom vorgenommenen Weg abzuweichen. Bleibt man hier gegenwärtig, geschieht es nicht selten, dass sogar während eines laufenden Rituals die Richtung marginal, aber entscheidend geändert wird.

Interessanterweise ist es meiner Erfahrung nach so, dass je mehr ein solches Hinterfragen, eine solche ethische Selbstprüfung, die eigene Arbeit bestimmt, um so mehr die uns umgebenden Kräfte zu Außergewöhnlichem bereit sind – ohne Zwang und ganz aus freien Stücken.

Der Umgang mit Ritualplätzen in der Natur

Rituale in und mit der Natur verbinden den Menschen mit dem Geist der Erde. Deshalb freut es mich grundsätzlich, wenn ich auf Plätze treffe, die offensichtlich rituell genutzt werden. Hier treten Mensch und Ort, Geist und Materie in eine lebendige Beziehung. Es entsteht (in der Regel) eine liebevolle Hinwendung zur lebendigen, durchseelten Natur.

Dennoch sollte man – so meine ich – einiges bei der rituellen Nutzung von Naturplätzen beachten: Diese Plätze gehören niemandem – und gerade dadurch allen. Ein Ritual hinterlässt Spuren. Doch gerade die physischen Spuren sollten so gering wie möglich sein. Ein Teelicht im Alubehältnis kann ein wundervolles rituelles Licht sein, die ausgebrannte Kerze im Aludeckel aber ist Müll. Das Liegenlassen von (giftigem) Aluminium in der Natur ist darum ebenso problematisch wie der Müll, den Touristen achtlos hinterlassen. Er zeugt von einem Überheblichkeitsgefühl gegenüber der Natur und nicht von liebevoller Hinwendung. Im bestmöglichen Sinne ist es Achtlosigkeit. Doch Achtlosigkeit – das Nichtachten ökologischer Bedürfnisse – ist letztlich Respektlosigkeit.

Rituelle Gaben und Naturmaterialien, die im Ritual Anwendung gefunden haben, können in der Natur verbleiben. Sie können dieser – ebenfalls rituell – übergeben werden. Doch auch dabei sollten wir beachten, dass der Naturplatz – der riesige Baum, der Feenplatz, der alte Steinkreis und andere – eben nicht nur uns gehören. So liebevoll es auch gemeint sein mag, Gegenstände und Opfergaben am Platz zu belassen und diese den Spirits zu schenken, so unbedacht ist dies oft anderen Menschen gegenüber.

Wenn man einen Platz antrifft, der mit rituellen Gaben bestückt ist, man an diesem aber selbst ein Ritual abhalten möchte, kann man hier grundsätzlich nur falsch handeln: Um die Freiheit für ein eigenes Ritual zu haben, muss man die Ritualgegenstände des Vorgängers möglicherweise wegräumen. Dies ist unangenehm (gerade wenn man respektvoll damit umgehen möchte), da man nie sicher sein kann, was in dessen Sinne ist. Oder man lässt sie liegen und bezieht sie so automatisch ins eigene Ritual mit ein. Auch dies kann der Intention des Vorgängers zuwiderlaufen. Wie man also auch handelt, es ist nicht richtig. Darum gehören Plätze in der Natur nach einem Ritual aufgeräumt. Man kann die Opfergaben nach dem Ritual – außerhalb des offensichtlichen Ritualplatzes – liebevoll an einen Baum legen (wenn es Naturmaterialien sind, die in absehbarer Zeit von allein verrotten). Vertretbar halte ich – je nach Ritual – auch, die Gegenstände eine Nacht dort liegenzulassen. Spätestens am nächsten Morgen sollte man den Platz jedoch erneut aufsuchen und ihn aufräumen.

Ein respektvoller Umgang mit der Natur und ihren Spirits schließt den respektvollen Umgang mit den Mitmenschen ein – vor allem eben auch mit jenen, die ebenfalls eine spirituelle Verbindung mit einem Naturplatz eingehen wollen. Die Gaben und Ritualgegenstände am Platz liegenzulassen, vereinnahmt den Ort, besetzt ihn. Man nimmt ihn dadurch für sich in Beschlag und privatisiert den Ort damit. Ganz gleich, ob Schamanengruppe, Privatperson oder rituelle Glaubensgemeinschaft: Die Erde gehört allen Wesen – den Menschen, den Tieren, den Pflanzen und den Spirits. Rituale sollten uns verbinden, nicht trennen. Achtsamkeit im Miteinander und in der Pflege der Plätze, die man nutzt, ist dazu unabdingbare Voraussetzung.

Ritualbeispiele

Earthday-Ritual

Am 22. April ist der »International Earthday«, der Tag der Erde. Ich finde, dies ist stets ein guter Anlass, sich mit einem Ritual an Gaia zu wenden.

Gehe in die Natur und suche dir einen ruhigen Ort. Vielleicht im Wald, auf der offenen Wiese oder – wenn es nicht anders geht – im Garten. Solltest du in der Stadt wohnen und keine halbwegs natürliche Fläche in der Nähe haben (was allein ja schon einer Veränderung würdig wäre!), öffne wenigstens die Fenster weit, sodass die natürliche Luft deine Räume durchströmt.

Lege dir nun einen Kreis aus den vier Elementen:

- Verbinde dich innerlich mit der Erde. Stelle dir vor, wie aus deiner innersten Mitte Wurzeln zum Erdmittelpunkt wachsen und sich mit ihm verbinden.
- Lege Steine in einem Kreis, sodass du in ihm stehen, sitzen, liegen und dich bewegen kannst. Bleibe dabei innerlich stets mit der Erde verbunden. Du schaffst ein Sanktuar, einen heiligen Raum, in dem das Wesen der Erde präsent sein wird. Rufe die Kraft des Erdelementes. Werde dir des Erdelementes in dir bewusst: in deinem Körper, deinen Knochen.
- Begehe den Kreis ein zweites Mal und gieße Wasser aus. Rufe die Kraft des Wassers. Werde dir des Wassers in dir bewusst: in deinem Speichel, deinen Tränen, deinem Schweiß.
- Nun entzünde eine Kerze und trage das Feuer um den Kreis. Rufe die Kraft des Feuers. Werde dir des Feuers in dir bewusst: in deiner Körperwärme, die dein Blut zu jeder Zelle trägt.
- Entzünde nun Räucherwerk. Salbei hat hier eine starke Kraft. Werde dir der Luft in dir bewusst: deines Atems, der Innen und Außen verbindet. Rufe die Kraft des Luftelementes und gehe den Kreis ein viertes Mal ab.

Bleibe noch außerhalb des Kreises der vier Elemente! Wende dich nun den vier Himmelsrichtungen zu und Rufe ihre Kräfte:

- die Kraft des Ostens und des Neubeginns
- die Kraft des Südens, des Sonnenhöchststandes und der Bewusstheit
- die Kraft des Westens, des Tagesendes, der Ernte, der Tat
- die Kraft des Nordens, wo die Sonne nicht ist. Die Kraft des Unbewussten.

Nun gehe in deine Mitte und stelle dich an die Schwelle des gelegten Kreises. Werde dir deines Wunsches, dem Wesen Erde begegnen zu wollen, bewusst. Wenn du bereit bist, überschreite die Schwelle des Kreises und begib dich in sein Inneres. Es ist alles bereit.

Schließe die Augen und begegne dem Wesen Erde. Sei offen für alles, was dir innerlich und äußerlich begegnet. Achte auf die Regungen der Natur: den Wind, die Sonne, den Regen, die Tiere.

In der Kommunikation mit der Erde wird dir gezeigt werden, was du persönlich tun kannst, um ein inniges Verhältnis zur Erde zu fördern und zu erhalten. Gehe Versprechen nicht leichtfertig ein, es sind bindende Verträge. Sei dir umgekehrt bewusst, dass das, was dir angeboten wird, auch gegeben werden wird.

Bedanke dich für deine Erfahrung und löse den Kreis in Achtsamkeit auf.

Mach diesen Tag zu deinem Tag mit der Erde!

Der Friedenskreis

Wir brauchen in dieser Zeit Impulse, die unsere Gedanken und Energie verlagern: weg von Rache- und Kriegsgeschrei und hin zu Toleranz und Anerkennung, weg von dem krampfhaften Festhalten an alten ausbeuterischen Wirtschaftssystemen, die unseren Reichtum auf der Armut anderer Länder begründen und den Reichtum des 1 % auf der Armut und der Arbeit von 99 % – und hin zu kreativen, neuen, liebenden Systemen des Miteinanders. Wir brauchen Impulse des Mutes, des Wagnisses und der Liebe, statt der Angst und des Nicht-loslassen-Wollens von alten Mustern.

Dieses Friedensritual kann dir helfen, deinen Weg, deinen Impuls des Handelns zu finden, denn wir alle sind zur Handlung aufgerufen, wenn wir den »Ausbruch des ersten Weltfriedens« bewirken wollen – gerade jetzt, gerade in dieser Zeit!

- Lege dir einen Kreis, einen Kreis aus Steinen, aus Hölzern, aus Kerzen…
- Lege ihn dort, wo du dich sicher fühlst, aber auch angebunden an die dich führenden Kräfte: in deiner Wohnung, deinem Garten, einem stillen Ort im Wald…
- Dieser Kreis ist der Kreis, der Raum deiner Begegnung mit den dich führenden geistigen Wesen: der Kreis der Begegnung mit dem Göttlichen, dem Gott oder der Göttin.
- Wenn du magst, kannst du Räucherwerk entzünden und den Raum umschreiten, um ihn so zu weihen. Wichtig ist die *Absicht* (»Die Energie folgt der Absicht«): Lege jedes Objekt, jeden Stein, jedes Holz in der Absicht, diesen Raum zu bauen. Entzünde jede Kerze im Kreis in der Absicht, dem Göttlichen zu begegnen. Rufe die Kräfte, die dich führen.
- Wenn du den Kreis gelegt hast, werde ganz still. Gehe in deine eigene Mitte – jenem Raum in dir, wo du ganz authentisch, ganz du selbst bist. Lasse dir Zeit!
- Rufe noch einmal in dir jene Kräfte, die dich leiten und führen. Bitte um Begegnung und um Hilfe, deinen Friedensweg zu finden.
- Wenn du den Impuls in dir spürst, überschreite die Schwelle und betritt den Friedenskreis. Bleibe still und aufmerksam. Sei dir gewiss, dass deine Helfer nun präsent sind.
- Lasse dir von ihnen deinen persönlichen Weg zeigen, den du gehen kannst, um den Frieden zu stärken.
- Lasse dir von der Göttlichkeit Handlungen weisen, die du durchzuführen vermagst und die dem Frieden in deinem sozialen Umfeld, in deinem Land und in der Welt Kraft geben.
- Sei frei von Furcht. Wenn du bereit bist, den dir gewiesenen Weg zu gehen, wenn du bereit bist, die Handlungen zu verrichten, die dir gewiesen wurden, bekräftige dies mit einem »Ja, ich will es!«

- Mache keine leichtfertigen Versprechungen! Dies sind bindende Worte, die du sprichst. Es ist dein innerer Vertrag, deinen Beitrag zum Frieden zu leisten, wie klein er dir auch im ersten Augenblick erscheinen mag. Habe keine Sorge, dass der Weg, der dir persönlich gezeigt wurde, zu schwer für dich ist. Es werden sich Menschen und Kräfte finden, die dich darin unterstützen.
- Wenn du den Kreis wieder verlässt, tue auch dies bewusst: Tritt hinaus in die Welt, um deinen Beitrag zum Frieden zu leisten. Ändere in dir und deinen Handlungen, was du zugesagt hast, und heile, was du heilen kannst.
- Löse den Kreis liebevoll wieder auf.
- Sei dir bewusst, dass du auf diesem Weg geführt werden wirst. Achte auf Zeichen, auf Begegnungen, auf Träume und Impulse in der kommenden Zeit.
- Folge deinem persönlichen Friedensweg…

Die Schwelle in die Anderswelt

Es gibt viele Möglichkeiten, den Kontakt zur Anderswelt, zu Naturwesen und geistigen Kräften im Raum zu unterstützen. Auch dieses kleine Ritual kann dir helfen, aufnahmebereiter zu sein:

- Gehe in deine eigene Mitte. Komme an.
- Werde dir deiner Beweggründe, deiner Motive bewusst, warum du Kontakt zu einem Naturwesen suchst.
- Wenn du innerlich bereit bist, baust du vor dir eine Schwelle. Dies kann ein großer Ast sein, den du vor dich quer auf den Boden legst, ein paar Steine, die du als Schwelle aneinanderreihst, oder auch einfach eine in den Erdboden gescharrte Linie.
- Halte vor der Schwelle inne. Wenn du innerlich bereit bist, überschreitest du sie achtsam und bist dir bewusst, dass du jetzt die Anderswelt, das Zwischenreich, betreten hast.
- Wenn du die Schwelle überschritten hast, solltest du nicht mehr laut sprechen. Nimm die Schwelle hinter dir weg, zerstreue die Steine oder wische mit dem Fuß über die gescharrte Linie.

- Nähere dich dann in Achtsamkeit dem Ort, wo du ein Naturwesen vermutest.
- Wenn du die Erfahrung beendet hast, baue erneut eine Schwelle, überschreite sie achtsam zurück in die Wirklichkeit und bauen diese hinter dir wieder ab…

Die Jahreskreis-Zeiten für eigene Rituale nutzen

Wandelzeit-Ritual: Das Rufen des Lichtes – Imbolc

Anfang Februar wird im Jahreszyklus eine bedeutende Schwelle erreicht. Das Licht wird nun bedeutend stärker und die Tage spürbar länger. Die Kelten feierten die Geburt des Frühlings: Imbolc. Nach dem Sonnenkalender ist dies der 2. Februar. Im christlichen Kontext wird Maria Lichtmess gefeiert. Neben dem Licht steht die Reinigung im Zentrum des Festes. Imbolc, abgeleitet vom irischen *imb-folc*, bedeutet »Reinigungsfest«. Im christlichen Sinne entspricht es der »Lustration«, die ebenfalls mit Reinigungsriten verbunden ist. Im Brauchtum wurden alle Lichter im Haus entzündet und es fanden Lichterprozessionen statt.

Der Zeitpunkt

Wie oben erwähnt, ist Imbolc (Mariä Lichtmess) nach dem Sonnenkalender der 2. Februar. Wahrscheinlicher ist jedoch, dass im keltischen Kontext die Sonnenfeste (Frühlingstagundnachtgleiche, Sommersonnwende, Herbsttagundnachtgleiche und Wintersonnwende) sonnenbetonte Feste waren, während die im Keltischen rituell viel höher gewerteten »Zwischenfeste« (Imbolc, Beltane, Lughnasadh und Samhain) Mondfeste waren, die zu verschiedensten Mondphasen stattfanden.

Selbst bei den »Mondfest-Vertretern« gibt es große Unterschiede. Manche feiern Imbolc am zweiten Vollmond nach der Wintersonnwende, manche am zweiten Neumond nach der Wintersonnwende, wobei einige ab der Wintersonnwende zählen, andere erst ab dem ersten Vollmond nach der Wintersonnwende und so weiter. Ich erwähne dies, weil es oft Gegenstand von Diskussionen ist, möchte den Disput hier aber nicht vertiefen.

Ich schlage als Zeitpunkt für dieses Ritual den zweiten Neumond nach der Wintersonnwende vor. Dabei ist tatsächlich das Auftreten der ersten Neumondsichel und nicht etwa Schwarzmond gemeint! Das erste zarte Aufflammen der Mondsichel entspricht sehr gut der jahreszeitlichen Qualität der Rückkehr des Lichtes. Ebenso empfehle ich für das unten angeführte Ritual aus dem gleichen Grunde der passenden Analogie den Mondaufgang.

Das Wandelzeit-Imbolc-Ritual

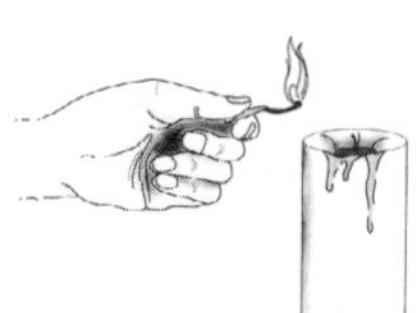

Lege bereit:

- Fünf Kerzen (am besten in hohen Gefäßen, damit sie ruhig und sicher eine Zeit lang brennen können)
- Wenn du räuchern möchtest, eignen sich lichte und durchlichtende Pflanzen wie zum Beispiel Engelwurz, Bernstein und Birkenrinde.

Das Ritual

- Lösche alle Lichter in deinem Haus
- Gehe in die Mitte deiner Wohnung oder deines Hauses und verweile dort.
- Gehe in deine eigene Mitte und werde deines göttlichen Funkens gewahr, der immerwährend darin brennt, jenes Bewusstseinslicht, das stets verbunden ist mit Gaia und dem All-Einen.
- Wenn du den Kontakt zu diesem innerlichen Licht wahrnehmen kannst, entzünde in der Mitte deines Hauses die erste Kerze.
- Wenn du willst, kannst du sagen: »Ich rufe das Licht des *Gaia*-Bewusstseins.«
- Wende dich nun nach Osten, in die Richtung des kommenden Frühlings und des Geburtsortes des Lichtes. Begib dich zu der Hausecke (innen), die dem Osten am nächsten liegt (wenn also

das Haus zum Beispiel exakt in den Haupthimmelsrichtungen gebaut ist, in die Südostecke).

- Bleibe dir deines inneren Lichtes bewusst, nimm eine weitere Kerze vor dich, entzünde sie und rufe: »Ich rufe das Licht der Neuen Erde!«
- Gehe nun im Uhrzeigersinn zur nächsten inneren Hausecke – die dem Süden am nächsten liegt – entzünde die dritte Kerze und sage: »Ich rufe das Licht des Seelenwassers Gaias!«
- Wende dich nun nach Westen und gehe zu der Hausecke, die dem Westen am nächsten ist. Entzünde die vierte Kerze und sage: »Ich rufe das Licht von *Gaias* Drachen und ihre Kräfte!«
- Schließlich wendest du dich nach Norden und gehst zur dortigen Ecke. Entzünde die fünfte Kerze und sage: »Ich rufe das Licht des Sternenbewusstseins *Gaias*!«
- Vollende den Kreis, indem du noch einmal zur Ostkerze gehst. Verbinde dich bewusst mit dem wachsenden Licht des Ostens und des Frühlings und trage es symbolisch wieder in die Hausmitte.
- Lass die Kerzen brennen, bis sie niedergebrannt sind oder von allein verlöschen.
- Du kannst nun das Haus noch einmal mit Räucherwerk umrunden. Alternativ kannst du den Rauch auch bei der Kerzenrunde mit dir tragen.

Frühlingstagundnachtgleiche

Im Jahreslauf stellen die Tagundnachtgleichen die Balance-Tage dar. Die helle und die dunkle Jahreshälfte begegnen sich und treffen sich in perfektem Gleichgewicht, zwöf Stunden Helligkeit, zwölf Stunden Dunkelheit. Im Iroschottischen wird das Fest der Frühlingtagundnachtgleiche auch Alban Eiler genannt, »Licht der Erde«.

Im übertragenen Sinne treffen sich auch Helligkeit und Dunkelheit in uns: Das Bewusste und das Unbewusste umtanzen einander; es ist Zeit, sie miteinander auszusöhnen, Zeit, die Kraft des Bewusstseins und der Erkenntnis wachsen zu lassen.

Im Ritual kann sich dies symbolisch im Erkenntnisprozess und mit diesem verbunden im Entzünden von Kerzen ausdrücken:

Das Bewusste und das Unbewusste

- Zeichne vor dir einen Kreis auf den Boden (möglich ist auch eine runde Scheibe, ein Tablett, oder Ähnliches).
- Teile den Kreis in der Mitte in zwei gleich große Hälften: Ziehe eine Linie oder lege eine Schnur auf die Mitte der Hälften.
- Du kannst das Ritual weiter unterstützen, indem du eine Seite des Kreises dunkel und die andere hell ausmalst oder mit schwarzem und weißem Stoff auslegst.
- Lege nun Teelichter in die dunkle Seite, mit dem Docht zur Erde. Die Anzahl sollte gerade sein, die Menge kannst du selbst wählen. Es sollten aber wenigstens zwölf sein – für jeden Monat des Jahres ein Teelicht.
- Geh nun in deine Mitte und werde still. Atme tief und entspannt. Warte.
- Irgendwann taucht aus den Tiefen deines Unbewussten eine Erinnerung auf, ein Ereignis, das vielleicht schon ganz vergessen war, ein verdrängtes Bedürfnis.
- Wenn dies geschieht, drehe eine der Kerzen um und entzünde sie.
- Schiebe die Kerze auf die helle Seite des Kreises und verweile in der wachgewordenen Erinnerung. Erkenne dein lang verdrängtes Bedürfnis an, betrachte das vergessene Ereignis.
- Werde dir bewusst, wie sehr es Teil deiner Seele, deines Selbst ist. Nimm es ganz in dich auf – auch wenn es schmerzhaft sein mag.
- Warte, bis das Bedürfnis von selbst abklingt. Dann begib dich mit deinem Geist wieder in deine Mitte und warte erneut ab, was sichtbar werden will.
- Verfahre auf diese Weise, bis die Hälfte der Kerzen entzündet ist und eine Balance besteht zwischen dem Lichten und dem Dunklen.
- Betrachte beide Kreishälften, schließe dann die Augen und spüre in dich hinein. Wo ist in dir die Schwelle zwischen dem Vergessen und dem Erinnern? Verweile auf dieser Schwelle.

Das Ritual kann hier enden, in der Kraft der Balance. Oft aber taucht an dieser Stelle ein mächtiger Neuimpuls auf. Ein neuer Gedanke, eine Inspiration.

- Wenn dies geschieht, entzünde erneut eine Kerze und setze sie auf die Mittellinie des Kreises: zwischen Bewusstem und Unbewusstem.
- Warte, lass die Kraft wachsen.
- Wenn dir die Idee gefällt, wenn du ihm Nahrung geben willst, so ziehe das Licht ganz auf die helle Seite. Gib ihm die Kraft deiner Aufmerksamkeit. Auf diese Weise ziehst du aufkeimende neue Kräfte in dein Leben.
- Du kannst das Ritual beenden, wann immer du willst. Erzwinge keine Neuanfänge! Gib ihnen eine Chance, gib ihnen Nahrung, doch erzwinge sie nicht.
- Wenn du willst, kannst du mit den Neuimpulsen fortfahren, bis alle Kerzen auf der lichten Seite brennen. Betrachte sie dann eine Weile und werde dir der in dir entfachten Macht bewusst.

Das Ritual lässt sich auch gezielt auf den Beginn von Projekten anwenden, indem du dieses zu Ritualbeginn in deinen Fokus nimmst. Aber auch hier gilt: Erzwinge nichts! Gib der Kraft die Chance, sich aus der Balance heraus zu entfalten.

Frühlingsvollmond

Im Frühlingsvollmond ist sowohl die Sonne in ihrer vollen Kraft des Jahresbeginns als auch der Mond. Männliche und weibliche Kraft (Yang und Yin) sind ausgewogen vorhanden. In bestimmten Traditionen des Wiccakultes wird der Frühlingsvollmond (und nicht die Tagundnachtgleiche selbst) als kultisches Ereignis des Ostarafestes gesehen. Der Tag besitzt eine starke Kraft des Neuanfanges und kann daher rituell für die Unterstützung jeglichen Neubeginns genutzt werden. Dabei werden Attribute der lunaren Kraft (Wasser) und der solaren Kraft (Licht/Feuer) genutzt und in Vereinigung gebracht.

- Werde dir bewusst, was in deinem Leben der unterstützenden Kraft des Neuanfangs bedarf. Wo im Körper fühlst du dieses Thema? Wie fühlt es sich an? Verweile einen Moment an dieser Körperstelle und warte, ob Bilder und Symbole auftauchen, die in das Ritual integriert werden wollen.

- Stelle in der Vollmondnacht eine Schale Wasser nach draußen in das Licht des Mondes.
- Am Morgen nach der Vollmondnacht besitzt durch die Kraft des Tagesanfangs die Frühlingssonne ihre stärkste Kraft. Aufgehende Sonne und untergehender Vollmond stehen sich am Himmel gegenüber. Entzünde zum Sonnenaufgang ein Feuer.
- Setze eine kleine schwimmfähige Schale in die Wasserschale und lege darauf brennende Scheite des entzündeten Feuers (im Kleinen kann dies auch eine Schwimmkerze sein). Nun leuchtet das Licht (Sonne/Yang) im Wasser (Mond/Yin) und beide sind vereinigt.
- Rufe die Kraft und die Spirits der Himmelsrichtungen, des Himmels und der Erde an und bitte sie, den Prozess zu tragen und zu unterstützen. Die Kraft der sechs Richtungen (vier Kardinalrichtungen, Oben und Unten) werden im Feuer – im Zentrum der Wasserschale zentriert. Es entsteht die Heilige Sieben – der Punkt im Zentrum der sechs Richtungen als Kulminationspunkt im Zentrum der Feuer-Wasser-Schale.
- Lass die Kraft eine Weile wirken.
- Nun – (die Sonne sollte im Aufgang sein) – werde dir noch einmal des Lebensthemas oder Projektes bewusst, das die Kraft des Neuanfangs erhalten soll. Spüre, wie sich das Thema anfühlt. Lass noch einmal die Bilder und Symbole des Themas in dir aufsteigen oder halte sie physisch über die Flamme.
- Bitte um die Unterstützung für dieses Projekt oder dieses Lebensthema, dazu auch die Ahnen, die Krafttiere und Spirits, die dich gewöhnlich unterstützen.
- Fokussiere den Wunsch und die Bitte um die Kraft der Unterstützung in der Körperzone, die das Thema in sich trägt. Warte einen Impuls ab, der sich aus dieser Körperzone gebiert.
- Mit dem aufsteigenden Impuls drückst du das schwimmende Schälchen mit dem Feuer unter Wasser, sodass Feuer und Wasser sich nun auch physisch begegnen. Sei in diesem Moment absolut auf den Neuanfang fokussiert!

- Das Wasser der Schale ist nun zum Träger der Kraft geworden.
  - Versprenge ein wenig davon in die Himmelsrichtungen, auf dass dein Projekt sich verbreite und in die Welt getragen werde.
  - Nimm einen winzigen rituellen Schluck des Wassers, auf dass die Veränderung und der Neubeginn auch dich erfasse.
  - Träufle einige Tropfen des Wassers auf symbolische Objekte deines Projektes (das Logo, ein Bild, oder Ähnliches).
  - Wenn du das Ritual für eine andere Person machst, fülle ein wenig Wasser in ein Fläschchen, um es überreichen zu können.
  - Das übrige Wasser übergib der Natur! In ihm ist die Kraft der Zeitqualität mit der Kraft der menschlich-rituellen Mitwirkung verbunden. Lass diese Kräfte in und für die Natur wirken. Gieße das Wasser an einen Baum oder versprenge es im Garten, übergib es einem Bach…
  - Sei dir bewusst, dass dein Thema, dein Projekt, nun die optimale Kraft des Neuanfangs erhält. Danke den Kräften für ihre Mitwirkung und lebe deinen Tag voll Kraft und Freude!

Sommersonnenwende

Zur Sommersonnenwende hat die Sonne ihre höchste Bahn im Jahreslauf erreicht. Von nun ab werden die Tage wieder kürzer werden. Aber jetzt, in diesem Augenblick, ist die Yang-Kraft des Jahres am stärksten. Nutze diese, um deine Visionen mit der Dynamik und Kraft der Sonne aufzuladen!

1. Kräuter sammeln

Zur Vorbereitung auf das Sonnwenderitual streife in der Natur umher. Lass dich ziehen und achte darauf, welche Pflanzen deine Aufmerksamkeit erregen. Traditionell werden Kräuterbuschen gebunden. Oft enthalten diese eine ungerade Zahl an Pflanzen: sieben, neun, 13, ja gar 99! Die ungeraden Zahlen sind Yang-Zahlen und darum mit der Kraft der Sonne assoziiert. Aber auch zwölf Pflanzen entsprechend den zwölf Sonnenmonaten können vorkommen. Üblich sind im Kräuterbuschen zum Beispiel Johanniskraut, Schafgarbe, Ringelblume, Eisenkraut, Beifuß, Kamille, Gundermann, Mädesüß, Salbei, Margerite, Baldrian, Frauenmantel und Königskerze. Du solltest jedoch nicht verzweifelt eine bestimmte Pflanze suchen, die unbedingt mit in den Strauß gehört, sondern das sammeln, was dich ruft und anzieht. Gedanken über die Bedeutung kannst du dir später machen.

Binde die Pflanzen zu einem festen Strauß.

2. Holz für ein Feuer sammeln

Es sollte nicht riesig groß sein. Die Größe eines »normalen Lagerfeuers« ist gut.

Lege Stift und Papier bereit.

Entscheide dich für den Hauptinhalt des Rituals: Du kannst mit Altem abschließen oder in die Kraft des Neuen gehen. Für die Kraft des Neuen eignet sich der Sonnenaufgang besser, für das Abschließen mit dem Alten ist der Sonnenuntergang geeigneter. Es hindert dich auch nichts daran, sowohl am Morgen als auch am Abend ein Ritual zu machen.

3. Abschließen und hinter sich lassen

Wenn du mit Altem abschließen möchtest, so nutze den Sonnenuntergang. Das Feuer sollte zum Sonnenuntergang schon gut brennen! Wenn die Sonne im Untergehen begriffen ist, sammelst du dich und wirst dir gewahr, was du hinter dir lassen möchtest. Wenn der Impuls kommt, springst du über das Feuer und lässt das Alte hinter dir. Es kann das Feuer nicht durchqueren.

4. Die Kraft des Neuen stärken

Nutze hierzu den Sonnenaufgang! Werde dir der Kraft bewusst, die du in deinem Leben stärken möchtest (Wunderfrage oder Zielgefühl!). Wenn die Sonne im Aufgehen begriffen ist, sammle dieses Gefühl in dir und sei präsent. Beginne im Osten des Feuers und umschreite das Feuer im Uhrzeigersinn dreimal.

Bei der ersten Umrundung rufst du: » Kraft des Neuen [setze hier am besten ein, was das Neue in deinem Leben ist!] – ich sehe dich!«

Bei der zweiten Umrundung rufst du: »Kraft des Neuen [ergänze entsprechend] – ich rufe dich!«

Bei der dritten Umrundung rufst du: »Kraft des Neuen [ergänze!] – ich heiße dich willkommen!«

5. Wünsche schreiben

Schreibe deine Wünsche auf Zettel und übergib diese der Macht des Sonnwendfeuers.

6. Kräuterbuschen aufladen

Wirf – am besten mit einem Partner auf der anderen Seite – den Kräuterbuschen so knapp über das Feuer, dass er von seiner Kraft aufgeladen wird, aber nicht verbrennt! Werft ihn dreimal über das Feuer und seid dabei mit dem Gefühl der Kraft verbunden, die in den Kräuterbuschen Einzug halten soll.

7. Kräuterbuschen trocknen

Der Kräuterbuschen kann später getrocknet werden. Entweder hängst du ihn an einem besonderen Ort auf (zum Beispiel der Hausmitte), wo er seine Kraft über das Jahr an die Bewohner abgibt. Oder du zerschneidest die getrockneten Pflanzen und verräucherst diese immer dann im Hause, wenn du die neue Kraft erneuern oder bewusst rufen möchtest.

Wandelzeit – Herbsttagundnachtgleiche (Meditation)

- Setze dich in Stille hin und werde dir deiner eigenen Mitte bewusst.
- Lasse dich tiefer und tiefer in deine Mitte sinken.
- Setze dich so, dass eine Seite deines Körpers von der Sonne beschienen wird oder visualisiere das Licht innerlich an einer Körperseite.
- Die andere Körperseite liegt im Schatten.
- Gehe nun mit deinem Bewusstsein an die Schwelle zwischen Licht und Schatten in dir.
- Gehe genau an die Grenze, wo Licht und Dunkelheit aufeinandertreffen.

- Werde dir der Einzigartigkeit der Zeitqualität bewusst, denn genau dies geschieht jetzt weltweit.
- Visualisiere die Grenze deutlich vor deinem inneren Auge.
- Sieh nun das Farbenspektrum, das an der Grenze entspringt. Der ganze Regenbogen entfächert sich als durchlichtete Farben.
- Sieh nun, wie dieses Farbenspektrum von dir ausstrahlt in die Welt, wie die Farben die Natur durchdringen, die Pflanzen, die Tiere und die Menschen.
- Die verschiedenen Farben werden von ihren Zellen aufgenommen, die davon genährt werden.
- Das Licht-Farben-Spektrum der Zeitqualität dringt tief in die Erde ein und durchlichtet sie.
- Es nährt die Erde und kräftigt sie in der aktuellen Wandelzeit.
- Sieh die Welt von Farben durchwoben…

Wintersonnwende: Setze die Saat der Befreiung

- Nimm dir einen Zeitraum.
- Werde still und beobachte deinen Atem, das Ein- und das Ausströmen.
- Dann achte auf die Zäsuren, auf die Pause dazwischen, auf jene Momente, in denen die Luft deine Lungen ganz verlassen hat oder sie vollständig füllt. Beachte den Impuls, der dich zum Wieder-Ein- oder Ausatmen bringt.
- Werde dir der besonderen Kraft jener Phasen bewusst.
- Wenn du deine Lungen ganz entleert hast, verbinde dich mit Gaia und dem Kosmos.
- Wenn deine Lungen ganz gefüllt sind, sprich deinen Wunsch mit dem Ausatemimpuls aus: »Mit der Kraft dieses Atems lege ich die Saat zur Befreiung!«

  Denke dabei fest, an das, was du in die Welt bringen willst, und entzünde im selben Impuls, im selben Atemzug, die Flamme einer Kerze (analog kannst du auch tatsächlich ein Saatkorn in die Erde legen).
- Setze den Impuls für die Freiheit
  - der Drachen

- Gaias
- der Ahnenkräfte
- der Menschen
- ...
- Lasse die Kerze brennen. Lösche sie nicht!
- Lasse sie ganz ausbrennen – je länger, um so besser.

Es empfiehlt sich eine besonders große Kerze, die drei Tage lang in einem Gefäß ruhig brennen kann. Aber auch eine kleinere wird ihre Wirkung haben.

- Sei dir bewusst, dass du einen kraftvollen schöpferischen Impuls gesetzt hast, den das zunehmende Licht der sich nach der Wintersonnwende verlängernden Tage erblühen lassen wird.

Silvester: »Lass es knallen!«

Der Jahreswechsel ist eine Schwellenzeit. Mitten in den Rauhnächten liegt die Silvesternacht. Die Rauhnächte sind jene zwölf Nächte zwischen Heiligabend und Heilig Dreikönig. Aus dem keltischen Weltbild kommend, stellen diese Nächte eine »Nicht-Zeit« dar, in der auch die Schwelle zwischen Diesseits und Jenseits, zwischen physischer Welt und Anderswelt sehr schmal und niedrig ist.

Daher rühren viele Brauchtümer, die sich auf Orakel und Divinationsmethoden beziehen (wie das bekannte Bleigießen): In der »Nicht-Zeit« ist ein offener Blick auf die lineare Zeit möglich, weil Zukunft, Gegenwart und Vergangenheit verschmelzen.

Auf das Vertreiben der Geister – insbesondere der Vergangenheit, also des alten Jahres – geht auch der Lärm zurück, der die Silvesternacht erfüllt. Das Knallen und Böllern soll ungute Kräfte vom Haus fernhalten und vertreiben.

Sicher kann man darüber einmal nachdenken, denn das Knallen erfüllt nicht nur körperlose Geister mit Angst, sondern auch viele Tiere – und ja, auch jene Menschen, die aus Kriegsgebieten zu uns flüchteten. Auch ökologische Gründe können ein Grund sein, auf Feuerwerk zu verzichten oder es zumindest einzuschränken: Alleine in Deutschland werden etwa 10.000 Tonnen Feuerwerkskörper in die Luft gejagt. Sie enthalten Nitrate, Chlorate und Perchlorate der Elemente Natrium, Kalium, Strontium oder Barium. Zudem Blei, Arsen, Aluminium, PVC, Schwefel, Eisen-, Kupfer-, Titan-, Antimon- und Zinkverbindungen: ein Chemiecocktail, der nach dem Verbrennen leise auf uns herabrieselt und sich in Gewässern und Boden anreichert und die Grenzwerte oft für viele Tage um das Hundertfache überschreiten lässt – da bedarf es keiner »Chemtrails« mehr. Augenbrennen, Atemwegs- und Kreislaufbeschwerden sind darum nach der Silvesternacht keine Seltenheit.

Ohne den »Spaß« verderben zu wollen, kann die Reduktion ein wesentlich stärkeres Schwellenereignis ergeben: Ein einziger Knall – zum Beispiel aus dem Zusammenschlagen zweier Holzbretter – kann – verbunden mit dem Überschreiten einer Schwelle – ein tiefgründiges Ritual sein.

Ritualvorschlag zur Silvesternacht

Vorbereitung

- Lege zwei Holzbrettchen bereit.
- Baue eine Schwelle auf: Dies kann ein Holzbalken sein, ein Ast oder ein paar aneinander gereihte Steine. Achte darauf, das »Jenseits« – also den Raum jenseits der Schwelle während des ersten Ritualteils – nicht zu betreten.

1. Teil

- Beginne mit dem Ritual einige Minuten vor Mitternacht.
- Setz dich nun entspannt und aufrecht hin. Gehe in deinen persönlichen inneren Raum, dorthin, wo du ganz authentisch, ganz du selbst bist. Gehe in deine Mitte.
- Verweile dort. Lasse den Atem sanft diesen inneren Raum erfüllen. Komm an.
- Nun lasse das vergangene Jahr vor deinem inneren Auge vorüberziehen. Sieh, was die Schlüsselereignisse in dir bewirkt haben. Spüre dem nach.
- Erspüre, was du hinter dir lassen möchtest und was einen Impuls für einen Neuanfang, für Kraft und Lebendigkeit in dir gibt.

- Sammle all das, was du hinter dir lassen möchtest, in deinem Rückenraum und trage das, was du mitnehmen willst, in deinem Herzen.
- Wenn die Zeitschwelle der Mitternacht sich nähert, stehe auf, bedanke dich bei allen Erfahrungen – den guten wie den schlechten. Sei dir bewusst, dass mit dem Überschreiten der Schwelle all jene Erfahrungen, die du buchstäblich »hinter dir lassen willst«, dich verlassen werden.
- Stelle dich vor die Schwelle und nimm die zwei Holzbrettchen in die Hand.
- Überschreite um Mitternacht mit dem lauten Zusammenschlagen der beiden Brettchen bewusst die Schwelle und gib die alten Kräfte frei. Der Knall trennt diese alten Kräfte von dir ab, die nicht mit über die Schwelle gelangen.

2. Teil

- Setz dich erneut hin und erspüre noch einmal deinen inneren Raum. Hat er sich verändert? Wie fühlt er sich an?
- Nun nimm jene Erfahrungen, die dir Kraft und Lebendigkeit verleihen, in deine Mitte und lasse sie sich von dort aus ausdehnen – in dir und über dich hinaus, sodass sich auch dein äußerer Raum damit erfüllt.
- Verweile in diesem Gefühl der Kraft, der Lebendigkeit und des Neuanfangs, solange es dir guttut. Vielleicht zeigen sich diese Kräfte als Symbolbilder, die dir auch in den kommenden Tagen physisch begegnen werden…

Nacharbeit

- Reinige den Raum gründlich, vor allem jenen, der das »alte Jahr« repräsentierte. Räuchere, visualisiere violette Farbe und lüfte gründlich. Wedle das Alte zum Fenster oder zur Tür hinaus.
- Sei achtsam, was in dieser Nacht für Träume zu dir kommen möchten.

Astronomische Ereignisse

Sonnenfinsternis – Rituelle Meditation

- Setze dich aufrecht aber bequem hin und werde ruhig.
- Wenn du in dir angekommen bist, lenke deine Aufmerksamkeit in den Herzraum.
- Spüre, wie von dort die Kraft deines eigenen Wesens erstrahlt wie die Sonne.
- Nun werde dir des Raumes über deinem Kopf bewusst, des Bereichs, der empfänglich ist für die Inspiration, für die Kraft der geistigen Ein-fälle. Dieser Bereich liegt eher außerhalb des Körpers als innerhalb, ist nicht verkörpert, nicht stofflich, nicht sichtbar – ebenso wie der Schwarzmond.
- Atme in dein Kronenchakra und werde dir seiner Empfänglichkeit für die geistigen Kräfte bewusst.
- Verweile so einen Augenblick.
- Nun beginne, das Potential der geistigen Empfängnis in deinen Körper zu ziehen. Lass das Feld nach unten sinken, deinem Herzraum entgegen.
- Sieh, wie sich die Inspiration mit deiner Wesenspräsenz verbindet, wie sich die Scheibe des Mondes über die der Sonne schiebt, mehr und mehr.
- Wenn Sonnen- und Mondscheibe, Kronen- und Herzchakra, eins geworden sind, verweile in diesem Augenblick.
- Nimm wahr, wie dein inspiratives Wesen, dein bewusstes Wesen empfängt und transformiert. Beide befruchten sich gegenseitig. Dein Wesen, deine Persönlichkeit wird von der Kraft des geistig-spirituell Empfangenen gewandelt und dadurch wird es Teil deines Wesens. Zugleich wird deine nichtphysische, geistige Seite vom Licht deines wahren Wesens durchdrungen und befruchtet.
- Lasse diesen Kräfteaustausch zu, solange es dir guttut. Sei dir bewusst, dass die Kraft dieser Veränderung von nun an durch dich auch in die Welt strömt.
- Nun lasse diese Verbindung in die Erde strömen. Lasse die Erde teilhaftig werden und schenke ihr die gewandelte

Bewusstseinskraft! Stelle dir vor, wie die Kraft der Veränderung nach unten durch dich hindurch in die Erde sinkt und von Gaia aufgenommen wird.

- Siehe wie die Drachenenergie davon genährt wird, wie die mächtige Wandlungskraft des Mondes und die Vital- und Bewusstseinskraft der Sonne die Drachen nähren, die in den Tiefen der Erde schlummern, und wie diese davon gekräftigt und geweckt werden!
- Werde zu einem Kanal, durch den die Wandelkraft der Erde begegnen kann, um von hier aus in und auf der Erde zu wirken.
- Sieh, wie eine mächtige axis mundi, eine Weltenachse, entsteht, die Sonne, Mond und Erde verbindet!
- Kehre zurück in deine Mitte und ziehe dich langsam aus dem Strom zwischen Sonne, Mond und Erde. Lasse die rituelle Übung ausklingen und beobachte, wie die Natur auf dieses Ereignis reagiert!

Mondfinsternis

Bei einer Mondfinsternis stehen Sonne, Erde und Mond in einer Linie und bilden eine Konjunktion. Die Erde steht zwischen der Sonne (Yang) und dem Mond (Yin).

Nutzbar ist dies für

- persönliche Arbeit
- Beziehungsharmonisierung
- Friedensarbeit.

- Nimm eine Schale Wasser und stelle diese vor dich.
- Rufe die Kraft des Wassers und bitte die Spirits des Wassers, in ihm präsent zu sein.
- Entzünde eine Kerze und stelle diese hinter dich.
- Rufe die Kraft des Feuers und bitte die Spirits des Feuers, in ihm präsent zu sein, während du die Kerze entzündest.
- Stehe eine Weile still zwischen den beiden Kräften und werde dir der Macht der Polarität gewahr. Beide Kräfte treffen und berühren dich in deiner Mitte.

- [Wenn du es beherrschst, kannst du ab hier beginnen zu trommeln oder zu rasseln und eine Schamanische Reise zu den Spirits des Feuers und des Wassers unternehmen. Ansonsten:]
- Verweile in voller Präsenz in deiner Mitte und lasse zu, wie der Tanz der polaren Kräfte deine Mitte einnimmt. Beobachte zunächst, greife nicht ein. Wenn es dir zu wild wird, kannst du ruhig und zentriert in deine Mitte atmen. Das Verräuchern von Johanniskraut (Sonnenpflanze) und Baldrian oder Mädesüß (Mondpflanzen) kann helfen, beide Kräfte in dir in Harmonie zu bringen.
- Lass den Tanz der Kräfte zu, bis er sich wirklich harmonisch anfühlt. Erst jetzt kannst du die Kraft gezielt lenken:
- Stelle dir vor, wie die verbundene Macht von Sonne und Mond dich einhüllt und Herz (Sonne) und Nieren (Mond) stärkt.
- Stelle dir vor, wie die harmonisierte Sonne-Mond-Energie in deine Beziehung fließt.
- Stelle dir vor, wie die harmonische Sonne-Mond-Kraft zu den Konfliktorten der Erde strömt, um dort die Harmonie zu stärken.
- Nimm dazu das Feuer der Kerze (solar-feurige Kraft) und das Wasser (lunar-wässrige Kraft),
- führe diese um deinen Körper und verweile an Problemstellen, wenn du mit dir selbst arbeitest,
- nimm ein Bild von dir und deinem Partner, deiner Partnerin und führe es in das Kraftfeld der Kerze und des Wassers (achte darauf, dass es nicht verbrennt),
- richte dich in die Himmelsrichtung aus, in der der Konfliktort liegt, und versprühe einige Tropfen Wasser in diese Richtung. Lasse auch das Licht der Kerze dort hinströmen.
- Gehe noch einmal in deine innerste Mitte und verbinde bewusst die Kraft der Sonne und des Mondes in dir, indem du beide visualisierst.
- Warte den richtigen Impuls ab und tauche dann das Feuer in das Wasser.
- Nimm das so entstandene »Feuer-Wasser« und reibe damit geschwächte Körperstellen (vorzugsweise Herz und Nieren) ein.

- Segne damit deine Beziehung, indem du es auf das Bild tropfst.
- Segne die Erde und die Menschen, indem du es in alle Himmelsrichtungen versprühst oder vergießt.

Wandelzeit-Rituale

Das Rufen des Gaia-Bewusstseins in die Landschaft

Folgendes Ritual wurde für den fünften Vollmond nach der Wintersonnwende konzipiert, um das Gaiabewusstsein in der Landschaft zu manifestieren. Der fünfte Vollmond war in der keltischen Urwurzel das lunare Beltane-Fest.

a) Befreiung von Angst & Trauer

- Praktiziere – wenn nötig – die Öffnung eines Gaiaportals vorab. Siehe b)
- Du solltest ein klares und positives Gefühl zu Gaia haben.
- Wenn du Angst in dir spürst, atme tief durch und gib sie mit einem lauten Ruf in die Landschaft frei.
- Wenn du Trauer verspürst, tritt durch den Schleier der Trauer hindurch.
- Die Wahrnehmung Gaias sollte unbedingt klar und positiv sein!

b) Das Gaia-Portal

- Schaffe ein Feld für Gaia und rufe Gaia hinein.
- Suche dir eine halbwegs ebene Fläche. Am besten in der Natur, wenigstens im Freien, wenn du aber nur eine Zweizimmerwohnung in einer Großstadt als geschützten Raum zur Verfügung hast, geht letztlich auch dies.
  Lege bereit
  - acht faustgroße Steine
  - einen Meterstab oder Zollstock
  - eine Kerze (wenn draußen, empfiehlt sich ein Windschutz für die Kerze)
  - gegebenenfalls Feder und Räucherwerk.

Lege vier Steine in die vier Haupthimmelsrichtungen.
Wichtig: Nutze dazu dieses vorgegebene Maß. Dies ist ein resonierendes Erdmaß, das für die Eigenresonanz Gaias empfänglich ist:
- Abstand der Steine (Kreisdurchmesser) 76,8 cm oder
- doppelt so viel: Kreisdurchmesser 153,6 cm.

Die Größe ist abhängig davon, wieviel Platz du haben möchtest. Halte dich aber so genau wie möglich an eines der beiden vorgegebenen Maße! Lege nun vier Steine im gleichen Abstand in die Zwischenhimmelsrichtungen.

- Nun erinnere dich des Gefühls, das Gaia in dir auslöst! Lasse dieses Gefühl, mit Gaia verbunden zu sein, in dir stark werden!
- Wenn du dieses Gefühl gut wahrnehmen kannst, justiere die acht Steine intuitiv geringfügig nach, indem du jeden einzelnen Stein minimal verrückst oder drehst.
- Wenn du Räucherwerk hast, entzünde es und umschreite dreimal den Kreis mit den acht Steinen. Schaffe dadurch einen geschützten Bereich deiner intimen Begegnung mit Gaia.
- Es eignet sich dazu Salbei, aber auch Wacholder. Hast du Grundahnung vom Räuchern, kannst du auch selbständig intuitiv eine Mischung auswählen.
- Wenn du noch nie geräuchert hast, so umschreite den Kreis dreimal ohne Räucherwerk und stelle dir dabei regenbogenarbiges Licht vor, das von dir ausgeht und so einen geschützten Raum erschafft.
- Werde still.
- Tritt an die acht Steine heran und trage Kerze (Windschutz) und Feuerzeug bei dir.
- Wenn ein »Ruf« erfolgt – sich der Augenblick richtig anfühlt – tritt in den Steinkreis.
- Stelle die Kerze in der Mitte ab, tritt noch einmal in eine bewusste Verbindung zu deiner Mitte und dem Gefühl aus a) – der Verbindung mit Gaia.
- Entzünde die Kerze, wenn dich das Gefühl stark und klar erfüllt.
- Rufe bewusst die Seele Gaias zu dir in den geschützten Kreis: »Gaia, Mutter Erde, ich rufe dich in diesen geschützten Kreis!«

- Nun beobachte, werde dir deiner Gefühle und inneren Bilder bewusst. Es gibt verschiedene Wahrnehmungstypen. Es können auftauchen
  - Gefühle (kinästhetischer Typ)
  - Bilder, Symbole (visueller Typ)
  - Worte, Klänge (auditiver Typ)
  - das plötzliche innere Wissen um Zustände und Ereignisse (intuitiver Typ).

  Bleibe frei und beobachte.

c) Ritual »Goldene Kugel«

- Werde dir der Präsenz Gaias bewusst und spüre ihre Präsenz in deiner Mitte.
- Wenn der Impuls kommt:
  - Greife in der Visualisation mit einer starken Gestik in die Tiefen der Erde hinein.
  - Ergreife dort eine goldene, lichtstrahlende Kugel.
  - Ziehe die Kugel, den Lichtball, langsam nach oben.
  - Hebe die Kugel mit beiden Händen an dein Herz.
  - Lasse dich von ihrem Licht durchströmen.
  - Lasse die Gefühle zu, die kommen wollen.
  - Wenn du dich beruhigt hast, bitte Gaia für das Menschheitskollektiv um Verzeihung für die Untaten an ihr und ihren Geschöpfen.
  - Möglicherweise erhältst du einen persönlichen Auftrag.
  - Lasse das Licht der Kugel vor allem Herz- und Halsraum durchströmen.
  - Hebe dann die lichtstrahlende Kugel über deinen Kopf.
  - Sieh, wie das Licht immer heller leuchtet. Es ist das Bewusstsein Gaias.
  - Sieh, wie die Kugel immer größer wird und anwächst.
  - Wenn du die Kugel und das Licht nicht mehr halten kannst, lasse sie frei!
  - Lasse sich das Bewusstsein über die Landschaft ausdehnen.

- Lasse das Licht in jeden Baum, in jede Pflanze, in jedes Wasser, in jedes Tier, in jedes Haus, in jeden Menschen eindringen.
- Sei dir gewiss, dass dieser Bewusstseinsimpuls zeitgleich auch aus allen anderen Portalen, die du oder jemand anders geöffnet hast, entspringt und sich verbindet.
- Sieh die Sphäre des Gaia-Bewusstseins, die sich nun ausbreitet und die Erde umhüllt.

• Beende das Ritual, wenn du es für richtig hältst. Behalte Gaia in deiner Mitte.
• Baue gelegte Steine wieder ab.
• Bedanke dich.

Durchlichtung der Ahnensphäre

Während eines Jenseitsseminars traten auf einem Ahnenplatz Seelen an mich heran mit der Bitte um ein weiteres Ritual in dieser Wandelzeit. Ahnenplätze sind Orte, an denen die Jenseitssphäre Gaias sich mit unserer Existenzebene überlappt.

Das Ritual dient der Bewusstseinsdurchlichtung verschiedener Jenseitssphären, die in dieser Wandelzeit unserer Existenzebene näherrücken.

• Öffne ein Ahnenportal oder besuche ein bereits geöffnetes.
• Wenn du nicht weißt, wie das geht:
  - Suche dir einen Platz, an dem du in Ruhe rituell arbeiten kannst.
  - Gehe mit deinem Bewusstsein an deinen Hinterkopf – dort vor der Hals in den Schädel übergeht. Visualisiere dort ein Fenster oder Portal.

Atme tief durch und öffne es in deiner Vorstellung.
Nun blicke innerlich durch dieses Fenster ins Jenseits.

- Wenn du ein Gefühl für den jenseitigen Raum entwickelt hast, lege einen Kreis aus Steinen und manifestiere ihn damit am Ort.

• Gehe in deine Mitte und verbinde dich aus deiner Mitte heraus mit der Mitte der Erde und der »Mitte des Himmels«, also mit

Erde und Kosmos. Stelle dir zum Beispiel vor, wie aus deiner Mitte kommend zwei Lichtstrahlen diese Sphären verbinden.

- Atme über diese Verbindung die Kraft der Erde und des Himmels in dich ein.
- Nun betritt das geöffnete Ahnenportal.
- Das Ritual sollte bestmöglich bei Tage mit sichtbarer Sonne (also nicht vollständig bedecktem Himmel) vollzogen werden.
- Richte dich mit nach oben ausgebreiteten Armen aus und verbinde dich mit dem Licht der Sonne. Atme das Licht ein, lasse dich davon durchströmen und leite das Licht der Sonne durch dich hindurch in die Tiefen Gaias, den dortigen Ahnenräumen zu. Lasse das Licht einige Minuten lang durch dich hindurchströmen.
- Nun richte dich in die Erdentiefe aus und verbinde dich mit dem »Licht der Erde«, jenem lichtvollen Bewusstseinsaspekt Gaias selbst. Atme das Licht Gaias ein, lasse dich davon durchströmen und lenke es mit ausgebreiteten Armen in jene Jenseitssphären, die Gaia umgeben. Lass das Licht Gaias einige Minuten lang durch dich hindurchströmen.
- Wenn es sich richtig anfühlt, beende diesen Ritualabschnitt und atme einige Male frei durch. Beobachte die Veränderung in den Ahnensphären.
- Zum Abschluss verstreue eine winzige Menge Goldstaub im Ahnenportal. Es ist wichtig, dass es sich dabei um *echtes Gold* handelt und kein Kunstglitter ist! Goldstaub ist im Internet ab ungefähr 10,00 € in Kleinmengen erhältlich. Wenn du nicht die Mittel und die Zeit besitzt, kannst du auch Aurum metallicum als Homöopathikum verstreuen oder kolloidales Gold versprühen. Auch dieses trägt das echte Goldbewusstsein in sich und hat eine seelisch aufhellende Wirkung. Es wäre wichtig, diesen Teil des Rituals physisch zu vollziehen, indem du den Goldstaub (es reicht wirklich eine winzige Dosis) im Ahnenportal im Uhrzeigersinn laufend verstreust.
- Verlasse das Portal und beobachte die Wirkung.

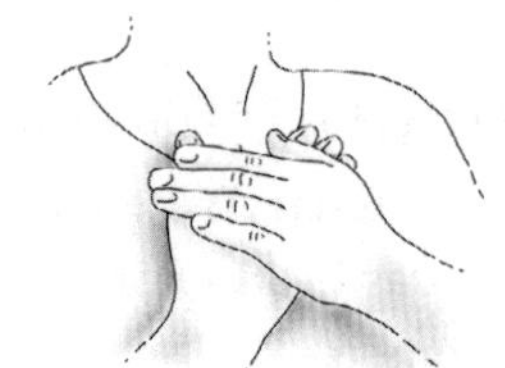

Ritualende

Beende stets ein Ritual, das du begonnen hast. Auch, wenn du darin gestört wirst, finde einen Abschluss und schließe es ab – und das ist wörtlich gemeint! Ein offenes Ritual zieht deine Kraft und hält sie gebunden. Das tut weder dem Ort gut noch den Wesen, die darin eingebunden sind.

In diesem Sinne möchte ich auch dieses Buch beenden. Ich hoffe, es gibt dir viel Hilfreiches zur Entwicklung deiner erfolgreichen Rituale! Bleibe achtsam.

Bedenke stets, worum du bittest. Es könnte dir gewährt werden!

***

Beendet sei nun diese Lehre
dir zum Wohle, dir zur Ehre.
Nutze diesen Brauch
stets zum Wohle aller auch.
Mit dir sei die Kraft der Erde,
damit unser Leben besser werde!

Literatur

Bel, Catherine: *Ritual. Perspectives and Dimensions*. New York/Oxford 1997

Biedermann, Hans: *Knaurs Lexikon der Symbole*. Droemer Knaur, München 1989

Bundschuh-Schramm, Christiane u.a.: *Rituale im Kreis des Lebens. Verstehen, gestalten, erleben*. Ostfildern 2004

Cunningham, Scott: *Handbuch der Natur- und Elementarmagie. Gesamtausgabe*. Arun, Uhlstädt-Kirchhasel 2017

Dodson, Frederick E.: *Reality Creation. Die kontrollierte Erschaffung von Realität*. Boheimer, Leipzig 2005

Eicher, Leonie: *Magie des Bauens. Alte Rituale neu entdeckt*. Editions à la Carte, Zürich 2011

Francia, Louisa: *Mond, Tanz, Magie*. Verlag Frauenoffensive, München 1986

Galitz, Lore: *Zeit für Rituale. Kraftvolle Impulse für ein erfülltes Leben*. Irisiana, München 2013

Krähenbühl, Sibylle: *Rituelle Hausreinigung. Räume voller Schönheit mit der Kraft der 4 Elemente*. Koha Verlag, Burgrain 2014

Moura, Ann: Naturmagie. *Die Grüne Hexenkunst*. Silberschnur, Güllesheim 2015

Redl, Franz P.: *Übergangsrituale. Visionssuche, Jahresfeste, Arbeit mit dem Medizinrad*. Drachen Verlag, Klein Jasedow 2014

Storl, Wolf-Dieter: *Naturrituale. Mit schamanischen Ritualen zu den eigenen Wurzeln finden*. AT, Baden und München 2004

Weiser Cornell, Ann: *Focusing – Der Stimme des Körpers folgen. Anleitung und Übungen zur Selbsterfahrung*. Rowohlt, Reinbek bei Hamburg 2015

Abbildungsverzeichnis

Alle Schmuckvignetten von Arson Krähenbühl

Über den Autor

Als gelernter Landschaftsplaner und Landschaftsökologe ist Stefan Brönnle seit 1993 als Geomant in der Innen- und Außenraumberatung und -gestaltung tätig. Dabei ist ihm nicht nur die Einbeziehung der Physikalischen Radiästhesie ein Anliegen, sondern um vieles mehr die konkrete Seelenbeziehung von Mensch und Ort, die durch rituelle Maßnahmen ebenso getragen, wie durch Gestaltungen mit der energetischen Kraft der Steine (Lithoenergetik), des Wassers (Hydroenergetik) und der Pflanzen (Phytoenergetik) geformt wird. Dieses umfangreiche Wissen gibt er in seinen Schulungen und seinen Büchern gerne weiter.

Werdegang:

- Studium des Landespflege (Landschaftsökologie) an der TU München
- Ausbildung in Qi Gong, Taijiquan, Radiästhesie, Technical Remote Viewing (TRV), Focusing, sowie verschiedenen Wahrnehmungstechniken.
- Mitbegründer von HAGIA CHORA - Schule für Geomantie und Inana - Schule für Geomantie, seit 1994 tätig als Ausbildungsleiter und Dozent
- U. a. Lehrauftrag an der Hochschule Weihenstephan-Triesdorf
- Leiter des Büros für geomantische Planung (Geomantische Haus- und Gartengestaltung; Geomantische Stadt- und Landschaftsplanung)

Mythische Kräfte erwachen zum Leben

Das Urbild des Drachen ist eng mit der Schlange verbunden, heißt er doch auch Tatzelwurm und ist so etwas wie eine »Schlange mit Beinen«. Hier untersucht der Autor die vielgestaltigen Bildwelten vom Drachen als Kulturbringer, als Hüter des Drachenhorts und die Bedeutung des Drachen bei Christen und in der chinesischen Überlieferung. Er erzählt von berühmten Drachen: Fafnir, Hydra und Nidhöggr etwa, um auf die Bedeutung des Drachen in der geomantischen Symbolik zu kommen.

Doch ist dieses Buch mehr als ein mythologisch-geomantischer Abriss. Vielmehr eröffnet es uns den Zugang zur urtümlichen Drachenkraft, die in der gegenwärtigen Wandelzeit für das Schicksal der Menschheit ebenso bedeutsam ist wie für jeden einzelnen von uns persönlich.

Stefan Brönnle
Drache und Schlange
in Symbolik, Geomantie und der aktuellen Wandelzeit
Klappenbroschur, 112 Seiten,
mit zahlreichen S/W-Abbildungen
ISBN 978-3-89060-833-4

Ein Kernbereich der Geomantie in umfassender Gesamtschau

Kultplätze, Tempel, Kirchen – heilige Räume und sakrale Bauten begleiten die Menschheit seit ihrem Beginn. Was die Heiligkeit der Räume ausmacht, wie die unterschiedlichen Kulturen ihr Ausdruck verliehen und welcher Techniken sie sich bedienten wird in diesem Buch umfassend und kompetent dargelegt; und es wird beschrieben, wie jeder von uns heute sich ebenfalls einen »heiligen Raum« erschaffen kann.

Stefan Brönnle
Heiliger Raum
Sakrale Architektur und die Schaffung
»Heiliger Räume« heute
Paperback, 208 Seiten
ISBN 978-89060-544-9

Den Garten als Kraftort gestalten

Das Urbild des Gartens ist der Paradiesgarten, jener Ort oder Zustand, wo Geist und Materie, Mensch und Natur noch eins waren. Einen solchen Garten kann jeder bei sich zu Hause erschaffen: Gärten, die Kraft spenden, Gärten, die Sinn geben, Gärten, die zur Erkenntnis verhelfen. Anhand vieler Beispiele für geomantische Gestaltung in der Gartenkunst, die auch heute in unserem Raum noch zu besichtigen sind, gibt der Autor uns viele Belege für das Zusammenwirken von Mensch und Landschaft. Wir betrachten die Klostergärten des Mittelalters ebenso wie Schlossgärten des Barock; wir besuchen Parks, die von Templern oder Johannitern gestaltet wurden ebenso wie Goethes Garten oder einen heute neu angelegten Feng Shui-Garten von Meister Bao Shann Suen in Husum.

Stefan Brönnle
Der Paradiesgarten
Gärten der Kraft planen und gestalten
Paperback, 208 Seiten, mit vielen Abbildungen
ISBN 978-3-89060-556-2

Eine profunde Einführung in die Geomantie

Jeder kann es spüren: Orte sind verschieden. An manchen Plätzen fühlen wir uns wohl, belebt und gelöst, an anderen angespannt, müde oder gestresst. Die Erde ist durchzogen von Gesteinsschichten und Wasseradern, aber auch von energetischen Strukturen. Die Geomantie spürt diese Unterschiede auf, und aus dem Wissen um die spezifische Kraft eines Ortes können wir eine wohltuende Beziehung zu ihm aufbauen.

Eine vollständig überarbeitete und erweiterte Neuauflage des erstmalig 1998 erschienenen Buches, ein Grundwerk der geomantischen Literatur. Das Buch wurde als Einstieg in das weite Feld der Geomantie konzipiert. Es schneidet daher die verschiedensten geomantischen Arbeitsebenen (wie Radiästhesie, Landschaftsinterpretation, Heiligen- und Flurnamensinterpretation, Erdheilung, Traumarbeit u.v.m.) an. Obgleich Geomantie an sich eine immerwährende Gültigkeit besitzt, so war es uns ein Anliegen, dieses Einsteigerbuch ein wenig auf den neuesten Stand zu bringen und damit dem Wandel der Geomantie Rechnung zu tragen. Die vorliegende Ausgabe enthält daher zusätzliche Informationen, neuere Fakten und gänzlich neue Kapitel.

Stefan Brönnle
Die Kraft des Ortes
Die Energien der Erde erspüren, erkennen und nutzen
Paperback, 160 Seiten
ISBN 978-3-89060-540-1

Erneuerung aus unseren mythischen Wurzeln

In diesem Buch werden uns die Märchen in ihrem symbolischen Gehalt entschlüsselt, als bildmächtige Parabeln für tatsächlich stattfindende Ereignisse, seien es der Tanz von Sonne und Mond, die Zyklen der Natur oder die Reise der Seele.

Es sind tief verstandene Zusammenhänge, von denen die Märchen berichten, und sie wurzeln in einer Zeit, als das Mütterliche vorherrschte und ein partnerschaftliches Verhältnis zwischen der Natur, der Erde und dem Menschen bestand. Der heutige Mensch leidet unter der Seelenlosigkeit seines Intellekts, der so vieles versteht, aber nichts in seinem Zusammenhang wirklich sieht.

Für dieses Sehen in ganzheitlichen Bildern öffnen uns die Märchen die Sinne, und sie gemahnen uns an unsere ureigene Aufgabe als Menschen: Mitschöpfer zu sein im Zusammenspiel der Naturkräfte der Erde.

Stefan Brönnle
Märchen – Mythologische Brücke zu einem neuen Erdbewusstsein
Paperback, 128 Seiten
ISBN 978-3-89060-741-2

Vom Wesen geistiger Wesen

Geistwesen, Naturwesen, Elementare, Elementale, Engel, Seelen, Phantome, Geister… Namen und Benennungen gibt es unglaublich viele. Der Raum um uns, so scheint es, ist von geistigen Wesenheiten erfüllt. Stefan Brönnle geht in gewohnt gründlicher Weise auf die unterschiedlichen Ebenen und Phänomene der ätherischen Welt ein.

Stefan Brönnle
Geistige Wesen
Engel, Elementale und das Ätherische
Paperback, 176 Seiten
ISBN 978-3-89060-601-9

Unsere Wohnung zu wandeln, verwandelt uns

Die Wohnung und das Haus sind eng mit unseren Wünschen, unseren Bedürfnissen, aber auch unseren Schatten verbunden. Sie sind ein Spiegel unserer Seele. Was für Astrologen das Horoskop ist, das ist für Geomanten der Wohnungsgrundriss. Geomanten sind Menschen, die die Wirkung des Ortes auf den Menschen ebenso zu deuten wissen, wie sie aus der Raumgestaltung auf den Menschen schließen können.

Der ausgewiesene Fachmann und Geomantie-Ausbilder Stefan Brönnle stellt in diesem Buch in einfachen und leicht nachvollziehbaren Schritten vor, wie wir Harmonie in unserem Haus schaffen – die zurückspiegelt in unsere Seele.

Stefan Brönnle

Das Haus als Spiegel der Seele

Wie wir durch Änderungen in unserem Wohnumfeld unsere Seele heilen

Paperback, 144 Seiten, zahlreiche Abbildungen

ISBN 978-3-89060-254-7

Hellsehen kann jeder!

Infrarot, Ultraschall, Röntgenstrahlen, das mikroskopisch Kleine… Dass es vieles gibt, was wir nicht wahrnehmen können, was aber trotzdem wirklich ist, weiß jedes Kind. Und es gibt Dinge, die uns auch technische Hilfsmittel nicht zeigen, die aber mit einer darauf ausgerichteten Wahrnehmung zu erkennen sind. Dieses Buch möchte Grenzen unserer Vorstellung sprengen, die uns daran hindern, unsere »übersinnlichen« Sinne zu nutzen. Mit vielen praktischen Übungen beweist uns Stefan Brönnle: Jede/r kann hellsehen.

Stefan Brönnle

Grenzenlose Sinne

Intuition – Empathie – Hellsehen
Das Grundlagen- und Arbeitsbuch zur Fernwahrnehmung

Paperback, 144 Seiten

ISBN 978-3-89060-269-1

Hier kann man sich zum **Neue Erde-Newsletter** anmelden:
newsletter.neueerde.de/anmeldung

NEUE ERDE im Buchhandel

Neue Erde ist ein kleiner unabhängiger Verlag, und der unabhängige Buchhandel ist unser natürlicher Partner. Wir unterstützen die Initiative »buy local«.

Sollte es Lieferschwierigkeiten bei den Büchern von NEUE ERDE geben, lassen Sie immer im VLB (Verzeichnis lieferbarer Bücher) nachsehen, im Internet unter **www.buchhandel.de**

Alle lieferbaren Titel des Verlags sind für den Buchhandel verfügbar.

Sie finden unsere Bücher auch auf unserer Homepage **www.neue-erde.de** oder in unserem Gesamtverzeichnis, welches Sie gerne hier anfordern können:

NEUE ERDE GmbH
Cecilienstr. 29 · 66111 Saarbrücken
info@neue-erde.de